坂本龍馬
天下を斬る!

日本を救う
維新の気概

公開
霊言

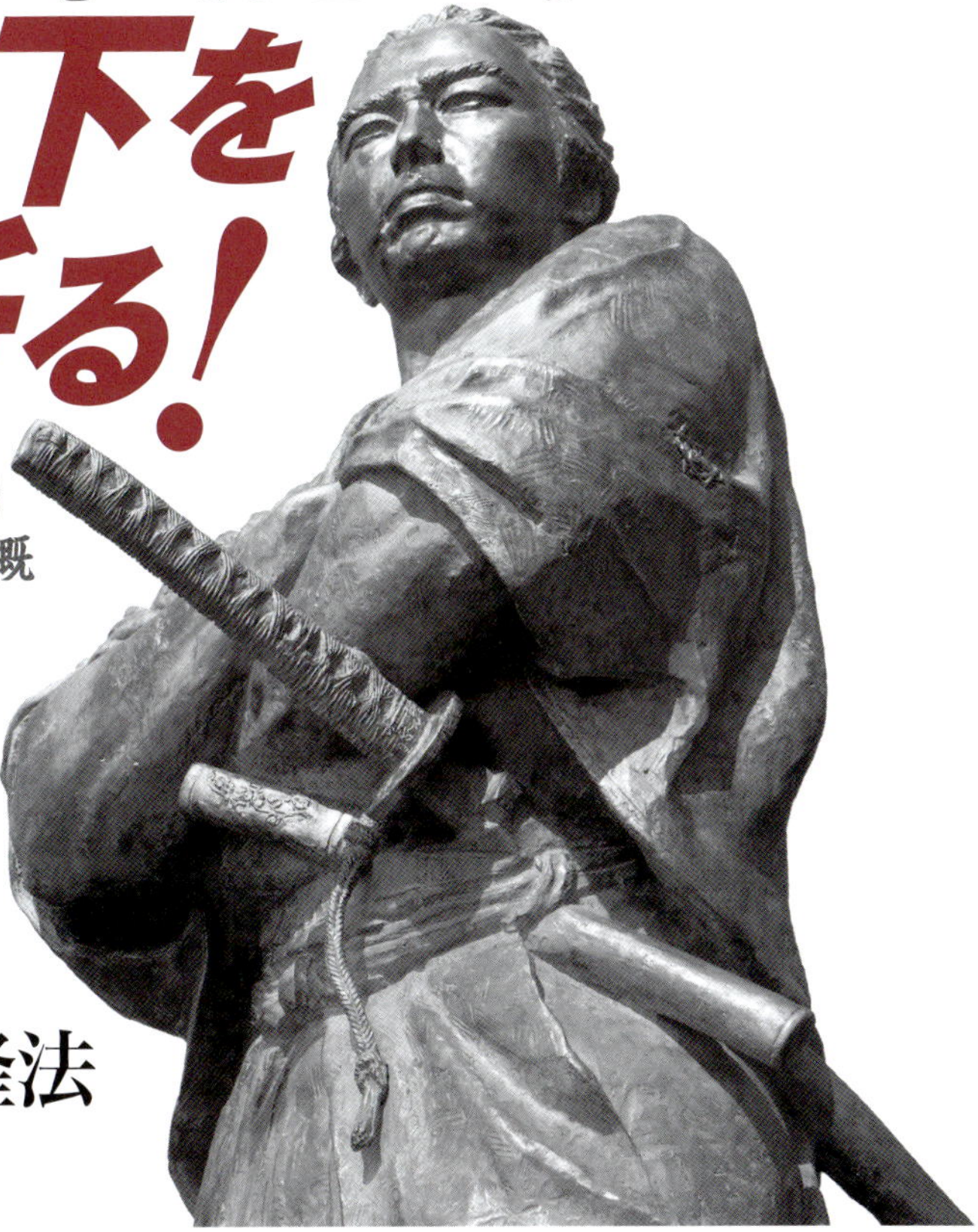

Ryuho Okawa
大川隆法

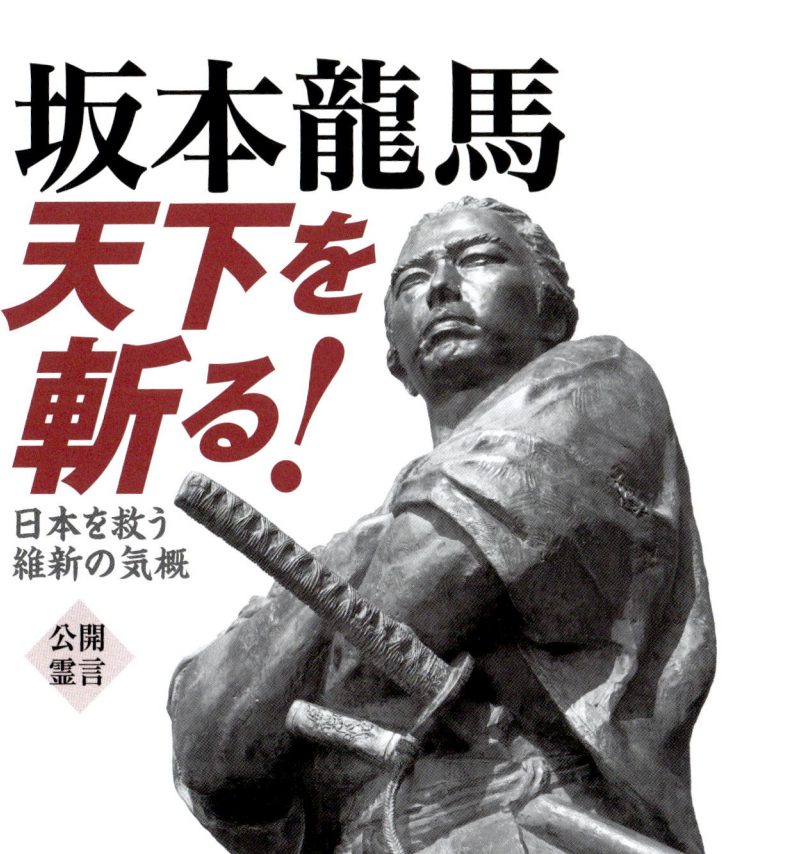

まえがき

久々の龍馬節である。三年余り前、自民党のあまりのていたらくに腹を立てて、『幸福実現党』を立党した。それ以来、明治維新の志士は、ほぼ総出《そうで》で、『幸福の科学』、あるいは、『幸福実現党』を応援してくれている。

私は、鳩山民主党政権が天下を取ったら、外交上、国防上の危機が国難として来ること、日本国民に災いが起きることを、旧《ふる》くは旧約の預言者エレミヤ、近くは、元寇《げんこう》を予告した日蓮《にちれん》の如く、獅子吼《ししく》したが、マスコミは卑劣《ひれつ》にも、「報道の自由」ならぬ、「黙殺の自由」を決めこんだ。左翼マスコミに踊らされた国民は、悪霊に憑《つ》かれた豚の群れ（レギオン――新約聖書）の如く、海に飛びこんで溺《おぼ》れ死のうとした。そして日米安保の危機、東日本大震災、竹島、尖閣諸島問題へと続いていく。

今も、大阪の漫才師もどきが、「維新」を語って、マスコミをたぶらかすという「国難」が起きつつある。もういいかげんに目を覚ませ。龍馬の剣が、今、天下を斬る！

二〇一二年　九月十一日

幸福《こうふく》の科学《かがく》グループ創始者兼総裁《そうししゃけんそうさい》　大川隆法《おおかわりゅうほう》

坂本龍馬　天下を斬る！　目次

坂本龍馬《さかもとりょうま》　天下を斬《き》る！

――日本を救う維新《いしん》の気概《きがい》――

二〇一二年九月八日　坂本龍馬の霊示《れいじ》
東京都・幸福の科学総合本部にて

6 日本は「廃憲《はいけん》」して「創憲《そうけん》」せよ　113

「霊言現象《れいげん》」とは、あの世の霊存在の言葉を語り下ろす現象のことをいう。これは高度な悟《さと》りを開いた者に特有のものであり、「霊《れい》媒《ばい》現象」（トランス状態になって意識を失い、霊が一方的にしゃべる現象）とは異なる。

なお、「霊言」は、あくまでも霊人の意見であり、幸福の科学グループとしての見解と矛盾《むじゅん》する内容を含《ふく》む場合がある点、付記しておきたい。

坂本龍馬《さかもとりょうま》　天下を斬《き》る！

―日本を救う維新《いしん》の気概《きがい》―

二〇一二年九月八日　坂本龍馬の霊示《れいじ》
東京都・幸福の科学総合本部にて

坂本龍馬《さかもとりょうま》（一八三五～一八六七）

幕末の志士。土佐藩士《とさはんし》。北辰一刀流《ほくしんいっとうりゅう》の千葉道場塾頭《じゅくとう》を務める。二十八歳《さい》で脱藩《だっぱん》、勝海舟《かつかいしゅう》門下となる。貿易会社と政治組織を兼《か》ねた亀山社中《かめやましゃちゅう》（後の海援隊《かいえんたい》）を結成。また、薩長《さっちょう》同盟の斡旋《あっせん》、「船中八策《せんちゅうはっさく》」の提案、大政奉還《たいせいほうかん》の成立に尽力《じんりょく》するなど、倒幕《とうばく》および明治維新《いしん》に大きな影響《えいきょう》を与《あた》えた。

質問者　※質問順

磯野将之《いそのまさゆき》（幸福の科学　人事局局長補佐）

河本晴恵《かわもとはるえ》（幸福の科学　第二編集局）

立木秀学《ついきしゅうがく》（幸福実現党　党首）

呉亮錫《ごりょうせき》（幸福の科学　事務局事務部　兼《けん》　第二編集局）

川辺賢一《かわべけんいち》（HS《エイチエス》政経塾生）

［役職は収録時点のもの］

1 「維新《いしん》ブーム」の今、龍馬がいたら何と言うか

あえて対話者を固めず、龍馬に言いたい放題語ってもらう

大川隆法　今日は、いつものような対話型で坂本龍馬の霊言《れいげん》を収録するつもりだったのですが、本人に「それは嫌《いや》だ」と拒否《きょひ》されました。

龍馬が拒否した理由は、おそらく、「幸福実現党の幹部などが質問者で出てきたら、叱《しか》りまくることになるからだろう」と推定しました。

政党幹部が公開の場で叱られまくったら、収録したものの上映が不可能になり、結局、無駄《むだ》仕事となります。

そこで、「質問者に〝無名性〟があったほうがよいのではないか」と考えまし

た。「あまり偉《えら》くない人にアホな質問をしていただいたほうが、龍馬も話しやすいのではないか」と思うのです。

幸福実現党の立場ある人に質問役をしてもらったとしても、それを龍馬にぶった斬《ぎ》られた場合、質問者のメンツが潰《つぶ》れ、政党の宣伝に使うことがＮＧとなるため、無駄仕事となることを、龍馬はとても嫌がっているような感じがします。

政党が「この霊言を宣伝に使いたい」と考えていることは、龍馬にもよく分かっているのですが、龍馬自身としては、「お灸《きゅう》を据《す》えたい気持ち」のほうが強いようであり、「そうはいかん」というわけです。

そこで、初めての試みではありますが、今日は、幸福実現党の関係者に限らず、「会場の参加者が自由に質問をし、坂本龍馬がそれに答える」というかたちでの公開霊言を行ってみたいと思います。

この方は有名な人ですので、みなさんもだいたい分かっていると思いますから、あえて説明は不要でしょう。

霊言収録の対話者を固めると、どうしても内容を誘導《ゆうどう》されてしまうため、そういうものとは関係なく、バラバラに、言いたい放題に語ってもらいます。そのかわり、「いかなる暴言が出ても、それは聞き逃《のが》していただきたい」ということです。全部、NG、オフレコになる可能性もないわけではありませんが、後の始末《しまつ》については、とりあえず考えないことにします。

「編集して本になるかどうか」とか、「政党の宣伝に使えるかどうか」とか、そういった後の処理については考えず、そもそもの出発点に戻《もど》り、「本人の言いたいことを伺《うかが》う」というかたちにしたいと思います。それが本来の姿でもあるでしょう。

こちらが言わせたいように誘導するのは、あまりよくありませんので、「どういうことをおっしゃりたいのかを伺う」というかたちで行いたいと思います。

幸福実現党の「応援団長《おうえんだんちょう》」・坂本龍馬を招霊《しょうれい》する

大川隆法　最近は、あちこちで「維新《いしん》ブーム」が起きていますが、三年前、幸福実現党が「幸福維新」を掲《かか》げ、龍馬が「応援団長《おうえんだんちょう》」を名乗って戦ったにもかかわらず、惨敗《ざんぱい》しました。ところが、世間《せけん》では、今ごろになって、「維新」という言葉がブームになり、いいように使われているので、龍馬にとっては面白《おもしろ》いはずがないでしょう。おそらく、〝爆発《ばくはつ》〟しかかっていると思われます。ただ、相手によっては、丁寧《ていねい》に話をしてくれるかもしれませんので、それは分かりませんが。

そのようなわけで、今日は、〝龍馬降臨〟を賜《たまわ》り、「質問者を任意に当て、質疑応答をする」というかたちでの公開霊言《れいげん》にしたいと思います。

それではお呼びします。

（瞑目《めいもく》し、合掌《がっしょう》する）

坂本龍馬先生、政局が急なる今、再びご指導を頂く時期が来たのではないかと思います。

私どもは、三年前に「幸福維新」を掲げて戦いましたが、残念ながら、応援団長のお力を生かすことができませんでした。

現在、世間では、三年遅《おく》れで「維新ブーム」が起きており、龍馬先生の「船中《せんちゅう》八策《はっさく》」をまねた「維新八策」という言葉が使われるなど、「『維新』という言葉さえ付ければ勝てる」という雰囲気《ふんいき》になっていて、時代が三年ほどずれているように感じられます。

何か言いたいこともおありかと思われますので、今日は、「会場の人たちから無作為《むさくい》に質問を受け、それに対してお答えになる」というかたちで、自由な意見を述べていただきたいと考えております。どうか、後の出来上がりや編集等については気になさらず、忌憚《きたん》のないご意見を賜れれば幸いです。

坂本龍馬の霊よ。

幸福の科学総合本部に降りたまいて、どうか、そのご本心を明かしたまえ。みなの者の質問に答えたまえ。お願いいたします。

（約十秒間の沈黙《ちんもく》）

2　つくられた「維新《いしん》ブーム」を怒《おこ》る

天下公議《こうぎ》のために率直な意見を述べたい

坂本龍馬　（手を一回打つ）わしゃ、神様でないから、二回は叩《たた》かんのじゃ（会場笑）。

そんで、あれだぜ。政党（幸福実現党）もなあ、あんまり宣伝ばっかり考えんと、言いたいことがあったら、言うたほうがええよ。政党も、もうリストラがかかっとるんだろう？　追い込《こ》まれとるんだから、「こらあ、ちょっと、厳しい質問をしてやらないかん」と思うんだ。

だから、「政党の幹部が、自分に都合《つごう》のええような質問で誘導《ゆうどう》しようたって、そうはまいらん」っちゅうことで、今日は、〝拒否権《きょひ》〟を発動して、三十分粘《ねば》ったんだ。「そうはいかん。そんなにうまいこと、使われてたまるか」っちゅうことでな。やはり、痛いことも、グサグサと言ってやらんと、世の中、ようならんのじゃ。政党もようならんし、世の中もようならん。

まあ、当会のなかの政党についての意見も訊《き》きたいだろうし、ほかの政党だの、政治だの、あるいは、外国だの、いろんな外部環境《かんきょう》についても、訊いておきたい意見がいっぱいあると思う。

「今、龍馬なら何と言うか」というのは、世間《せけん》ではニーズがあってあって、困っとるんじゃ。それなのに、「訊ける人がおらん」っちゅうのは、まこと、情けないことなのでな。世間では、「あれは、龍馬だったら、今、何と言うか」ということを、諸君が代わりに訊いてくれることを欲《ほっ》しとるのであって、こっちは〝三連敗〟目前の政党の宣伝に使われてたまるかっちゃ。なあ?

このままだと、もう、坂本龍馬、やめないかんのじゃ。「応援団長《おうえん》」を名乗っとったが、もう、引っ込まないかん。穴掘《あなほ》って入らないかん。このままだと、「もう一回、眠るぜよ。あと百五十年ぐらいは眠るぜよ」っちゅうて言わないかんからな。

もう、龍馬も「名前」がかかっとるからな。「維新《いしん》ブーム」で、よそんとこに勝たれたりしたら、もう出られんが。なあ！　そう思わんか？　君らは、そう思うだろ？

だから、これは、わしとしても〝最後の戦い〟だ。

もう二度と出んかもしらんから、突《つ》っ込むべきところを、ちゃんと突っ込めよ。新聞記者でも、週刊誌でも、テレビ局でも、一般《いっぱん》市民でもええし、反対運動やっとる人でも、賛成運動しとる人でもええし、何でもええ。何かの立場から、「龍馬の意見として訊いてみたい」「こんなことは、どう思っとるんか、訊いてみたい」っちゅうやつを訊いてほしいんだよ。わしゃあ、それについて答えるからさ。だから、情実は抜《ぬ》きにして、「天下公議《こうぎ》のために答える」ということで行きたい。

幸福の科学や幸福実現党を、メタメタに言う可能性もある。まあ、気分次第《しだい》じゃから、そら分からん。ええ気分のときには、ええことを言うかもしらんし、「ようやっとる」っちゅうかもしらんし、「駄目《だめ》じゃ」っちゅうかもしらん。だから、「もう幹部諸氏の質問ばかり受けるのはやめる」ということで、さっきからごねとったんだ。

ということで、立場、名前、性別に関係なく、「今、龍馬がおったら、世間の人は、こんなことを訊きたいだろうな」と思うようなことを訊いてくれたらええ。こういう趣旨《しゅし》だな。

幸福実現党にも「維新《いしん》ブーム」に便乗しとるやつにも怒《おこ》りたい

坂本龍馬　うん。じゃあ、訊きたい人、手を挙げてください。

うーん、そうやなあ……、なるべく変なことを言う人がええんじゃ（会場笑）。

まともな人は全然面白《おもしろ》うないからさ、変なこと言うの、なるべく当てたいんだが。

（磯野を指して）あんた、変な顔しとるわ。ああ、そこのニヤけとるおっさんだ。（マイク係に）こっち、こっち。うーん、端《はし》の。うん、あんただ！（会場笑）。

磯野　坂本龍馬先生、本日は、ご降臨、まことにありがとうございます。

坂本龍馬　ああ。

磯野　ずばりお訊きいたします。

今の日本には「維新《いしん》ブーム」が起きておりますが、元祖《がんそ》・維新の立役者《たてやくしゃ》であられる坂本龍馬先生は、これをいかにご覧になっているのでしょうか。

坂本龍馬　怒《おこ》っとるんじゃ！　ああ、怒っとる。

磯野　「元祖・幸福維新」は、私たち幸福実現党、幸福の科学が掲《かか》げたものですが、「いまだ維新ならず」です。

坂本龍馬　そうなんだよ！

磯野　ぜひ、お叱《しか》りいただければと思います。

坂本龍馬　いや、怒っとるんじゃ。だから、「どっちを怒ったろうか」と思ってな。幸福実現党を怒ったろうか？　それとも、今、「維新ブーム」に便乗《びんじょう》してやっとるやつらを怒ったろうか？　どっちを怒ったるかな。どっちをメチャクチャにやったろうか。

磯野　私たちのほうをお叱りいただければと思います。

坂本龍馬　ああ！　君、ええこと言うなあ！　君、それが男だぜ。そういう男には、結婚《けっこん》する資格があるんじゃ（会場笑）。ええ？　「私たちを叱ってくれ」って言うぐらいの男でなきゃ、嫁《よめ》さんなんか、もらう資格はないんじゃ。「私たちは叱らんでください。ほかの人を叱ってください」っちゅうやつは、やはり、男でないわ。なあ？

「維新《いしん》」を〝本歌取《ほんかど》り〟されて悔《くや》しい

坂本龍馬　いやあ、情けないよ。情けない。実に情けない。この「維新《いしん》」という言葉だけで、「票が取れて、当選しそうだ」「第一党になれるかもしらん」っちゅうて、いっぱい便乗してくるなんちゅうのは、こんな悔《くや》しいことはねえわな。

さらに、「船中八策《せんちゅうはっさく》」を、何じゃ、「維新八策」だとか称《しょう》して使っただけで、新聞が全部飛びつくっちゅうんだろ？　もう何ちゅうか、こんな間の抜けた話はないわな。

何だろうねえ。こりゃ、あまりにも、〝つくられたブーム〟だよ、はっきり言うてな。そうでなきゃ、三年前に既視感《きしかん》があることを、今、やっとるので、やっとこさ、対応する気が起きてきたか、まあ、どっちかだろうな。そういうことだと思うよ。

だから、あんたらにも、チャンスはあったんだ。今、やってるように、ほんとは三年前に「維新ブーム」っちゅうのが起きてもよかったわけだ。それも、この世の人間が言うとるんじゃなくて、明治維新の志士たちがあの世から応援しとったにもかかわらず、神風《かみかぜ》を吹《ふ》かさないかんときに、吹かんかった。実に、残念なことだね。

今は、神風など、全然吹いとらんのに、「この世の風だけ吹いとる」っちゅうことでな。この世とあの世の違《ちが》いが、あんまり大きすぎて、わしらは、ほんとに不本意だよ。

何ちゅうか、おそらく、宗教の持っとる型枠《かたわく》みたいなもんが、何か邪魔《じゃま》しとるんだろうと思う。その型枠みたいなもんで、勝手に縛《しば》りをつくっとるんかなあ。

ところが、そういう型枠をつくらずに、ムードだけ、うまいこと利用しようと思うやつに、まんまと、はまっていく感じがあるよな。

大阪《おおさか》の橋下某《はしもとぼう》か？ わしには、別に、何も利害関係はないんでな。何も言う必要はないし、悪口を言う立場にもないので、言う気はないけどさ。

だけどさあ、いや、何となく、薄皮饅頭《うすかわまんじゅう》を相手にしてるような感じがしてな。薄っぺらい皮だけで商売されてるような気がして、しょうがないわな。

だから、「三年前、君らは、あんこが入っとらんかったんか」っちゅう感じがせんでもないわ。「前回、取り組んだときに、本気度が足りんかった」っちゅうところはあると思う。

今回は、〝本歌取り《ほんか》〟されて、よそでやられてな。それで、自分は出るかどうかも分からん人が、「第一党を取ろう」とか、一生懸命《いっしょうけんめい》、裏で動かしてるみたいだが、その分だけ、国政のほうは、もう完全に空洞化《くうどうか》しとるわなあ。

今回の「維新《いしん》ブーム」はマスコミが仕掛《しか》けている

坂本龍馬　まあ、君らも一回ねえ……、そうだ！　道頓堀《どうとんぼり》の前にずらっと並んで、腹切ったらええんじゃ。有名になるぜ、ほんとに。あるいは、大阪市役所の前でやってもええかもしらん。

もうちょっと本気度を出さんと。まだ何ちゅうかな、この世的にやろうとしとるが、それだと、ほんとに、この世的な人のほうが上になるところがあるんだよ。だから、「大阪維新《いしん》」(注)って言うとるだろ？　「『維新』って、ほんとに知っとるんかい？」っちゅうことだよな。いつ殺されるか分からんなかでも、命懸《いのちが》けでやるようなもんが「維新」なんじゃ。そんな気持ちと違うだろ？

（注。「大阪維新の会」は収録当時の名称。その後〔九月十二日〕、国政への進出を視野に、新党「日本維新の会」の結成を宣言した）

「ブームに乗ったろう」という感じの、ちょっと前の「韓流《ハンりゅう》ブーム」みたいなもんが、にわかに起きてきてるような感じだな。仕掛《しか》け人がいるのは間違いないわ。仕掛け人はいる、何人かはな。仕掛けてるのが、マスコミのほうにいるのは間違いない。それと、テレビも関係しとるんだろうけどな。

「坂本龍馬」の名を使って、みっともない負け方をするなよ

坂本龍馬　ただ、何ちゅうかなあ、君ら、情けないぜ。あっさりと旗を取られていく感じは。日本の駐《ちゅう》中国大使？　旗を取られて、「へいへい」言って、ごまをすっとる、あの感じと、あんまり変わらんのと違うか？　だから、その日本人的な頼《たよ》りない感じを何とかせんといかん。

政党幹部諸君を前にして、わしは話したいと思わんかったが、みんな、もう、

〝死体の山〟に見えて、いかんのじゃ。ゾンビみたいに生き返る力がありゃええんだが、何かなあ、「解体前のマグロ」みたいな感じがして、しょうがないよ。だからねえ、もうちょっと本気入れてやらんといかんぜ。

「この世的な人」に負けとるっちゅうのは、たとえ、宗教であっても情けないわな。だから、仕事を、もうちょっと見直さないかんと思う。

「大阪維新」のあんなのを、ただ攻撃《こうげき》しとるだけで仕事が済むと思うたらいかんと思うよ。あれを攻撃したところで、君らの票になるとは限らんからな。そらあ、ほかんところ、自民党や民主党のほうへ行くだけかもしらんでな。

わしは、利己主義者だから、「坂本龍馬」の名前を守るんだったら、そらあ、あれだぜ。ほんとは、ほかの政党でも応援して当選してくれたほうが、よっぽどうれしいわ。わしの名前を使って、あんまりみっともない負け方をするんでないよ。なあ？　やはり、もうちょっと肚《はら》ができとらないかんのと違うか？

政党の職員、もうそろそろ、給料ストップしてもええんと違うか！「（選挙に）受からんかったら、君らはもう、あとは河原乞食《かわらこじき》だ。『右や左の旦那《だんな》様、どうか、お恵《めぐ》みくださいませ。次の政治資金をお願いします』ってやらすぜ」と脅《おど》さんかったら、本気にならんような気がしてしょうがない。

まあ、全般的には、そんな感じかな。

世界を変革するには「燃えるような求心力」が要《い》る

坂本龍馬　そらあねえ、本心から「国づくりをしたい」「世界を変えていきたい」っていう気持ちだったら、（政治活動を）何年やったってええんだけど、どう見ても、今んところ、（幸福の科学グループの）足を引っ張っとるぜ。これはいかんと思うよ。

諸君は自分たちの世界に籠《こ》もっとるんだ。そうではなくて、世界を変革せないいかんのよ、世界を。な？　それが大事なんだよ。「いかに世界を変革するか」を、常に考えないかんのであって、「いかに自分たちのなかで話を合わせるか」みたいなことになっとったらいかんのだ。

自分たちで自分たちをごまかしたり騙《だま》したりして、その気になり、「気分だけを味わう」というのではいかんのだ。ほんとになあ、「ファイナル・ジャッジメント」（最後の審判《しんぱん》）は、君らに落ちてしまうぜ。これではいかんと思うなあ。下手《へた》したら、政党だけの〝トカゲの尻尾《しっぽ》切り〟にはならんぜよ。わしゃ、「幸福の科学本体のほうの信用にかかわる」と思うなあ。うーん……、それはいかんわ。やはり、ここは頑張《がんば》りどころだと思うねえ。「よその宗教のほうが賢《かしこ》い」っちゅうことになってしまうわな。

宗教が自分らで政党をつくって選挙をやっても、当選しないからさあ、どこも裏へ回って、選挙の支援・応援はするけど、秘密投票だから、「何票入れたか」

なんちゅうのは、ほんとは分からんもんな。実際に、自分らがどの程度貢献《こうけん》したのかは分からんのに、政治家にペコペコさせて、自分らの言うことはちゃんと政治家に実現させる。結果が当選だったら、「自分らが応援したからだ」と、こういうことでやっとるよな。これでは、「もと（政党を立党する前）のほうが得した」みたいな感じになるわな。

それであってはいかんのであって、やはり、「燃えるような求心力」が要《い》ると思うんだよ。「核《かく》になる人材」っちゅうのは、そんなにたくさん要るわけじゃないんだが、何人かは要るんだよ。何人かは、燃えるような人が必要なんだ。そのへんが足りんのではないか。

幸福実現党は「自己規制」が強すぎて、全然、面白《おもしろ》うない

坂本龍馬　要するに、「役所仕事」みたいなもんを一生懸命やっとるように見え

て、しょうがないんだよ。それが、君らの問題だ。役所仕事か会社仕事かは知らんけどさ。まあ、チマチマと一生懸命やっとるねえ。それにほとんどの時間と考えを費《つい》やしとるわな。

それで、行動のほうは大したことがない。感動を呼ばん、感動を。全然、感動を呼んどらんのだな。「この世的にやったほうがええ」と言われて、やっとるような感じに見えるわな。ここんとこを、どうにかせんといかん。

自己規制が強すぎるんだ。自己犠牲《ぎせい》ならええが、自己規制が強すぎて、全然、面白《おもしろ》うない。面白うないところに、ブームは起きんし、票も入らんのだ。わしはそう思うな。だから、自分たちで票を減らしてるんだよ。自分たちでブームを起こさんようにしてるんだよ。全部そうなんだ。

このへんのなあ、役所体質や会社体質みたいなのは、やはりいかんぜ。

大阪市役所の長《ちょう》は、役所のトップなんだけど、役人のほうが〝役者〟になって、うまいことやっとるわけだ。なあ？　役所のもんに役者をやられたんじゃあ、君らには、もう、やることがないじゃないか。「役所広司《やくしょこうじ》」なんちゅう役者もおるみたいだけど、役所が役者をやってしもうたら、もう立場がないが。役者でもやらないかんような人が役所をやっとるんだから、そらあ勝ち目がないぜ。

だから、君ら自身の考え方や態度に問題があるんだよ。それが分からんかったら、もう負け続けるしかない。結局、それは、宗教の本体（幸福の科学）を引き倒《たお》して、救世運動を止める力になっとるわけだからさ。給料をもらって、救世運動を止めたらいかんぜよ。

「落選したらただの人」になる政治家の必死さを知れ

坂本龍馬　政治家が必死なんは、やはり、「落選したらただの人」になるからだぜ。だから、汗《あせ》を流して、ペコペコして回っとるんだ。たいてい、三年ぐらいは次の選挙がないから、「ただの人」になったら、何年もそれでおらないかんのだからな。ついこの前まで「○○大臣」とか、いろいろとおだてられたのが、「ただの人」になって、シュンとなる。このつらさを、みんな味わっとるんだ、現実はな。

彼らは、君らが知らんところで、一生懸命、ワークをしとるわけよ、ワークを。それを知らないかん。そのへんが、ちょっと足りんのと違うか？

まあ、君ばかりに答えてもいかんから、ちょっと、ほかの人にも答えないかんな。

3 幸福実現党に「プロの自覚」を問う

政権を取ったときに幸福実現党はきちんと政治判断できるのか

坂本龍馬　女性、行こうか。女性、どうだ？（複数の女性が手を挙げる）じゃあ、その娘《こ》、行こうか。

（質問者のネックレスを見て）その真珠《しんじゅ》は本物か。偽物《にせもん》か。本物の真珠？　いや、単なる好奇心《こうきしん》だ（会場笑）。

河本　はい、ありがとうございます。

坂本龍馬　あ、無視したな（会場笑）。ええ度胸だ。

河本　すみません。

坂本龍馬　ええ度胸しとるな。まあ、いいや、君の考えるリズムで話したまえ。

河本　今年の秋、映画「神秘の法」（製作総指揮・大川隆法）が公開されます。

坂本龍馬　そんなの知らん。わしは出てないだろ？（会場笑）　うん。どうでもええんだ。

河本　その映画のなかに、総理大臣が、「私には判断がつかない」と言って、うろたえるシーンが出てきます。

坂本龍馬　うーん。

河本　他国が日本に攻《せ》めてきて、迎撃《げいげき》しなければいけないのに、総理大臣が、「迎撃の許可を出せない」と言うシーンがあるのです。

しかし、「自分が、その立場に立ったときに、正しく判断できるのか」と考えてみると、正直に言いまして、「自信を持って、『できる』とは言えないな」と思ったのです。

坂本龍馬　「自分」って、あんたのことか。

河本　はい？

坂本龍馬　今の「自分」っていうのは誰《だれ》のこと？

河本　私のことですけれども。

坂本龍馬　ああ、「あんたが総理大臣をやったら」っていう話かい？

河本　そうです。けれども……。

坂本龍馬　はっきり言うたらええよ。

河本　幸福実現党も……。

坂本龍馬　ああ、それは立木党首のことだな。「立木党首が、その立場だったら、同じように『判断できません』と言うのでないか」と疑っとるわけだな。映画をかける前にな。

言いたいことは、よう分かった。よう理解できたぞ。それで?

河本　世間《せけん》の方とお話をしていると、「幸福実現党が政権を取ったとしても、政治上のいろいろな問題が起きたときに、きちんと判断できるのか、分からない」とよく言われるんです。

坂本龍馬　うーん。

河本　それに対して、「できます」と本心から言えない……（泣き始める）、自分がありまして……。

坂本龍馬　あんた、ものすごく正直な人だなあ。さっすが宗教だ。宗教っちゅうのは、嘘《うそ》をつけんのだなあ。

君ねえ、非常に正直だな。まさしく、そうなんだ。それが、票が入らない理由だ。本当のことを言うと、そうなんだ。

要するに、「自分らがすでに言っていることについては、やるけども、まだ言っていないことについては、やれるかどうかが分からない」っていうところ？ここが、世間の評価が集まらない理由だな。

自分らが言ってることについては、「そうするんだろうな」と思うけど、「新しい事態のときには、どうするんだ？」っていうところで、信頼《しんらい》がないわけだな。

今までの政治家というか、すでに政治家をやっとる人には、「どうせ、後手後手《ごてごて》の、恥《は》ずかしい醜態《しゅうたい》をさらしながらも、何とか、何かはするだろう」ということで、かろうじて支持票が入っとるわけだ。もちろん、半分ぐらいの人は、そうした支持票を入れたくなくて、〝棄権《きけん》〟してるんだけどな。

だけど、まあ、「震災《しんさい》のあとの後手後手ながらの対応のように、しばらくはショックで何もできないけども、何カ月かしたら、『何とかしなければいかんな』と動き始めるだろう」というぐらいの信頼感はあるんだなあ。

一方、あんたがたには、「事前に『これはこうする』と決めたもの以外のことができるかどうか」についての信用がまったくないわけだ。政治の実績が何にもないので、世間の人は「ほんまか？」って言うとるわけだな。

幸福実現党は「親方日の丸」の棚《たな》ぼた型政党？

坂本龍馬　あんた、泣いたけども、まさしく、それが職員および信者の本心かもしらん。

それが本心だった場合、みんなに「票を入れてください」って頼《たの》むときの力の入れ具合に、多少、迷いが入るなあ。

それを言ったときに、「私は、自民党の何とかさんに入れる気です」「私は、民主党の、この大臣に入れるつもりです」と言われたら、「ああ、そうですか。そのほうがええかもしらんなあ」と、引いてしまうもんなあ。ここが押《お》せんところだな。その気持ち、よう分かるわ。

それはねえ、まだ甘《あま》いと思うんだ。うーん……、やっぱり、甘えがあるんかねえ。(幸福実現党は)金策《きんさく》もしないでいい政党だからさ。君らは、最初から、けっこう親方日の丸をやっとるんだよ。「金策はせんでええわ、政策も特に苦労せんでええわ」っていう感じで、棚《たな》ぼた型政党なんだ。維新《いしん》政党にしちゃあ、意外に、棚ぼた型政党をやっとるんじゃ。

そのへんに、あまり野性味《やせいみ》がなくて、「いざというときに、ほんまにやってくれるのか」っちゅうことなんだな。

あんたは、今、「自分が」と言うたけど、立木党首に置き換《か》えて、「立木党首は、出雲《いずも》から敵軍が上陸したら、どうするんだ？　どこからヤマタノオロチ（八岐大蛇）を借りてくるんだ？」っちゅうことだなあ（映画「神秘の法」に出てくるワンシーンより）。横浜《よこはま》の中華街《ちゅうかがい》では、龍《りゅう》が踊《おど》りをしてるけど、「その龍を借りてきて戦うのかい？」っちゅうところだなあ。

これは、やっぱり、プロの自覚だな。「プロの自覚が、ほんまにあるんか」っちゅうところだな。

宗教のなかでは、信仰《しんこう》というスタイルで、折り目正しく振《ふ》る舞《ま》えば、熱心な信仰者《じゃ》、敬虔《けいけん》な信仰者のようなふりをすることができるけども、それには、ある意味で、「会社や役所のなかで、角が立たないように、おとなしくしとったら、年功序列で偉《えら》くなれる」というのと似てるところがある。

しかし、危機対応のときは、やっぱり、能力のある人がやらなきゃいかん。年《ねん》齢《れい》とか役職とかに関係なく、それを解決できる人が出てこなきゃいけないね。だから、危機のときには、英雄《えいゆう》が出てくるわけだな。

要するに、「それだけの英雄の玉がいるのかどうかについて、内部的に自信がない」という状態であって、これに対し、政党（幸福実現党）のほうで、「自信を持って、『いる』と言えるかどうか」っちゅうことだなあ。

このへんについては、役所なのに役者ができる人のほうが、やっぱり、一枚上なんだな。役所なのに役者がやれる人は、一秒で変身して、やってのけるからさ。

アメリカだって、役者上がりが、大統領をやったり、知事をやったりしとるじゃないか。役者は、意外に、政治家のふりがうまいことできるんだ。大統領の役でも、乞食《こじき》の役でも、何でもやるからね。だから、あっという間に、それらしく振る舞えるんだな。

一方、ここ（幸福実現党）は、意外に、それができとらんのだ。自分のパターンが決まっとって、そのパターン以外、出せないところがあるんだな。

これは身を守る術《すべ》なんだよなあ。これについて、どうにかせないかん。

4　国防における「真のリーダーシップ」とは

「外国が攻《せ》めてきたら、どうするか」を立木党首に問う

坂本龍馬　「どういうときに、立木党首の判断がどう出るか、分からん」というのが、具体的に何かあるかい？　あったら、言うといたほうが、勉強になるぜ。わしゃ、その映画は見てないけども、まあ、何となく感じ取ってるだけだ。

河本　そうですねえ。例えば、「外国が日本に攻《せ》めてきたときに、本当に戦争をするかどうか」とか……。

坂本龍馬　党首、どうぞ（立木党首を指名する）。

立木　はい。

坂本龍馬　まあ、戦争もいろいろあるだろうけど。

立木　日本においては「戦争は嫌《いや》だ」という流れが強いのですが、ここは、やはり、政治家として肚《はら》を決め、「戦うべきときは戦う」ということを、しっかりと実行していきたいと思っています。

今、竹島《たけしま》が非常に問題になっていますが、「場合によっては、韓国《かんこく》の反撃《はんげき》等をいろいろと考慮《こうりょ》に入れながらも、ある種の実力行使もしなければいけないだろう」と思っています。これは、対外的に言っていいかどうかは分からないのですが、そういう肚は持っています。

坂本龍馬　君ぃ、なんか、だんだん、政治家の答弁によう似てきたなあ。

立木　いえいえ。

坂本龍馬　言うとることが、何だか……。まず「遺憾《いかん》です」から始まりそうな感じというか、もう、そろそろ、そうなりそうな感じが漂《ただよ》ってるじゃないか。

立木　いえいえ、しっかり準備して、いつでも……。

坂本龍馬　ああ、君ねえ、もうちょっと言葉を洗練させなきゃいかんな。だんだん、言うことが分からんようになっていきそうな感じが漂ってるよ。
きっと、このへんについて、不信感を持たれとるんだろう。やすりで歯を磨《みが》いて、尖《とが》らすんだ。毎日、生肉にガブッと噛《か》みつくような練習でもして、言葉の切れをよくしなきゃいかんな。

立木　はい。

坂本龍馬　で、結局、君は、「善処する」っていうことだよな?

立木　いやいや、「戦う」ということです。

坂本龍馬　「前向きに検討する」っちゅうことだな。

立木　いや、戦います。

坂本龍馬　ハハハハハ。「具体的なことについては、防衛省が考えることになって、さらに具体的なことは、自衛隊が考えてくれるだろうけども、それについて判子はつきます」と、まあ、そういうことだな？

立木　まあ、そうですね。はい。それはそうです。細かい作戦とかは、現場に任せます。私は専門家ではございませんので。

坂本龍馬　ああ、そう言うかあ。

立木　ええ。

坂本龍馬　「専門家じゃございませんので、現場に任せます」ということで……。

立木　いやいや、責任は取ります。

坂本龍馬　「那覇《なは》地検に任せます」というのと、ちょっと似てないか。

立木　責任は取ります。

坂本龍馬　ほんまかいなあ。

立木　きちんと決めます。

坂本龍馬　うーん？　（その言い方は）民主党政権と差があるんかい？　ええ？　差があるんかなあ。

立木　逃《に》げずに、きちんと戦います。

自衛隊に「攻撃命令《こうげき》」を本当に出せるのか

坂本龍馬　じゃ、自衛隊が遅《おく》れたら、どうするんだ？　みんな寝《ね》とったら、どうする？　例えば、「明け方ごろ襲《おそ》われました。みんな寝てました」っていうことになったら、責任はどこにある？

立木　責任と言えば、最終的には、首相が……。

坂本龍馬　「尖閣《せんかく》を守ってるつもりでおりました。ところが、明け方の四時ごろ、やられました。みんな寝てました。総理まで寝てました。連絡《れんらく》が全然通じませんので、夜が明けて、みんなが出てくるのを待ってました。その間に、何百隻《せき》の艦《かん》艇《てい》に囲まれ、全部、占領《せんりょう》されました」となったら、どうする？

立木　当然、自衛隊を出動させます。

坂本龍馬　例えば、三百隻の艦艇が来てるとする。そのとき、自衛隊を出動させて、どうするんだよ？

立木　自衛隊は、だから……。

坂本龍馬　君ねえ、出動したら、向こうが何かをしてくる場合もあるんだ。そのとき、どうするんだ？

立木　それは戦います。

坂本龍馬　「戦う」って？　どう戦うんだ？

立木　当然、航空自衛隊を出動させて……。

坂本龍馬　で、「向こうに撃《う》ち落とされたら、反撃《はんげき》してよい」っちゅうんか。

立木　いやいや。侵略《しんりゃく》されているわけですから、自衛権を発動させます。

坂本龍馬　向こうは、侵略じゃなくて、「自国の領土だ」って言うとるんだ。どうするんだよ。

立木　いや、だから、それは侵略なんです。

坂本龍馬　いやあ、向こうは「自国の領土だ」って言うてるから。

立木　それは向こうの主張ですけど、日本としては、自国の領土ですから……。

坂本龍馬　あっちは、日本の自衛隊が来たら、〝正当防衛〟として、撃ち落とさなきゃいかんわな。

立木　こちらも、正当防衛として、撃ち落とします。

坂本龍馬　それは大変だなあ。

立木　正当防衛ですので、何の躊躇《ちゅうちょ》もありません。はい。やります。

坂本龍馬　ふーん。君の口から攻撃命令を出せるのかい？

立木　出します。

坂本龍馬　おお！

立木　はい。

坂本龍馬　お昼を過ぎてから？　お昼ご飯を食べて、みんなでよう話してから？

立木　いえいえ。そんなことありません。すぐに命令を出します。

危機管理情報が上がってこない日本政府の問題点

坂本龍馬　まあ、「そこの責任者になってる防衛省の幹部の判断が出たようでございますので、私は、それについて、前向きに賛成の方向で検討に入りたいと思います」と、こういう答えでないのか。

立木　いや、そうではなく、きちんと情報を上げさせて、それに基《もと》づいて判断したいと思います。

坂本龍馬　日本政府は、情報が入るのがとっても遅《おそ》いので有名なんだよなあ。

立木　そこは、きちんと改善していかないといけないと思います。

坂本龍馬　「阪神《はんしん》・淡路《あわじ》大震災《だいしんさい》があったとき、たまたま、渡部昇一《わたなべしょういち》さんたちは、首相と面談の予定があって、会いに行っていたらしいけど、『地震があったので、まさか会えないだろう』と思っていたら会えて、しかも、首相はテレビを一人ポツンと見とった」とかいう話を聞いたけどさあ、日本の首相っていうのは、なんか、そんなふうになるらしいじゃないか。

何にも連絡が入らんで、一人ポツンとテレビを見て、戦ってるところを見ながら、「ほおお、負けとるなあ」とかいう感じになるんと違《ちが》うか。

立木　危機管理の情報に関しては、しっかり上がってくるようにします。

坂本龍馬　だけど、向こうが占領してくるときは、全部、作戦を立てて、来とるからさあ、やることは決まっとるよ。やられてから考えるとなると、遅いよな。

立木　そういう動きがあれば、事前に、レーダーなどから、いろいろな情報が入ってきますので、当然、警戒監視《けいかいかんし》はいたします。そして、不測の事態が本当に起きたならば、きちんと撃退をします。

幸福実現党の候補者は、「明瞭《めいりょう》な言葉で結論から話す」練習を

坂本龍馬　君の言うことを聞いとったら、彼女が泣いた理由がよう分かるわ。やっぱり似とるなあ。これでは、自民党とも、民主党とも、その他大勢とも区別がつかんなあ。もうちょっと、はっきり、ものを言わんといかんね。

リーダーシップっちゅうのは、やっぱり、結論をビシッと言い、「責任は取ったる！　やれえ！」って言わないといかんよ。それから内容を考えるんだ。

緻密《ちみつ》にいろいろ考えて、分析《ぶんせき》的に積み上げてって、例えば、警察の鑑識《かんしき》のように、「指紋《しもん》からDNAから全部調べて、犯人だと分かったら、逮捕《たいほ》に向かう」なんていうのをやってたら、危機管理はできない。

「間違っとったら、俺《おれ》の首を差し出す」というつもりでやらんといかんのじゃ。そのへんが、ちょっと危ないね。うーん、彼女が泣くだけのことはある。泣かんように、かわいがったらないかん。「君、泣いたらいかんぞ」と言うて、首に手を回し、お尻《しり》をなでたらないかんわ（会場笑）。

これだけ不安がっとるんだ。どうする？（質問者が身につけている）パールが偽物《にせもん》だったら、「本物をやろうか？」と言って、ちょっとは、泣かせないようにせないかんぜ。なあ？

彼女が泣くだけのことはある。まだ言葉が不明瞭《ふめいりょう》だなあ。もうちょっと分かる言葉で、まず結論をパシーッと打ち込《こ》む練習をせんといかん。

今の政府だって、「毅然《きぜん》たる態度」ぐらいは言うからね。「毅然たる態度で、断固たる措置《そち》を取ります」ぐらいは絶対言うから、さっきのような答え方では、特に差はないよ。

やっぱり、先にシミュレーションを多少せないかんな。

いやあ、君ぃ、大勢泣かせてるよ。陰《かげ》で、かなり泣いてるぜえ。「これ（立木党首）には期待をかけたいところだけど、先生、役者がちょっと駄目《だめ》と違いますか」って、思われとるだろうなあ。

やっぱり自己変革が必要だね。自己イメージを破れとらんのだろう。乱世《らんせ》に強い感じがちょっと出てこないといかんのとちゃうか。

なんか、（政党役員に）後ろに髪《かみ》を伸《の》ばしてるやつもおったけど、あなたも、ちょんまげとか結《ゆ》って、髪を立てるなり何なりして、少しイメージチェンジしたほうがええかも分からんなあ。

立木　はい。そのへんは受け止めまして、きちんと、やることはやろうと思っています。

坂本龍馬　分かりました、分かりました。はいはい。

立木　みなさまのご理解を得るのは非常に大事なことだと思っておりますので、ご指摘《してき》はきちんと受け止めて頑張《がんば》りますけれども、基本的に、やるつもりでおりますので……。

坂本龍馬　君ねえ、日本語検定の勉強をすることを私は勧《すす》めるよ。外人が日本語を勉強するときの会話の練習だな。あれを、まず、やることを勧めたい。下手《へた》な日本語で受け答えするときに、まず、どういう言葉からやるかを、ちょっと練習したほうがええかもしらん。

君は勉強しすぎてねえ、言葉が長《なご》うて、何を言うとるか分からん。もうちょっと、一般《いっぱん》の人に分かる言葉を使わないといかん。ガーガー言ってる玉音《ぎょくおん》放送を聞いとるような感じが、ちょっと、するなあ。

はっきり言うて、野田さんより君のほうに決断力があるようには、決して見えないぜえ！

立木　そこは、きちんと受け止めて、頑張っていきたいと思います。

坂本龍馬　ドジョウ宰相《さいしょう》も、一年たったら、雰囲気《ふんいき》が、ちょっと、ごっつくなってきたよ。周りの言うことを全然きかんでやる感じが出てきたじゃないか。あれは、自信が出てきたんだろうなあ。

もう一段、この党が……、まあ、口が立っとるかどうかは知らんから、野党と言えるかどうかは知らんけど、野党っちゅうのは、もっと口が立たないといかんのじゃ。

もう、与党《よとう》のようになってしもうたら、いかん。与党のほうは、責任逃《のが》れするのが仕事だけど、野党のほうは、責任を追及《ついきゅう》するのが仕事だからさあ。だから、もっとグワングワンに行かないといかんな。

課題その一が、さっそく出てきたな。

まあ、ええわ。これ以上言ったって、君の点数が下がるから、もうええわ。

立木　はい、分かりました。

坂本龍馬　もうええ。もうええ。うんうん、もうええわ。

5　国連を改革し、宇宙時代を拓《ひら》け

幸福実現党を揺《ゆ》さぶり、「気合い」を入れたい

坂本龍馬　じゃあ、韓国《かんこく》から来とる方がいらっしゃるから、ひとつ、かき混ぜてもらおうじゃないか。韓国から来とる人が、どっかにおらんかったっけ？　どうだ。（呉《ご》が手を挙げる）あ？　おったなあ。

君、面白《おもしろ》いからさあ、幸福実現党のやつを、李明博《イミョンバク》大統領の立場で、かき混ぜてくれんか（会場笑）。そういう質問が聞きたいな。

呉　そういう質問がよろしいのでしょうか。

坂本龍馬　ああ、面白い。面白い。

呉　分かりました。別の質問も用意していたのですが。

坂本龍馬　別のもあるの？　君ぃ、頭ええなあ。

呉　とんでもないです。

坂本龍馬　どっちでもええけど、ちょっと（幸福実現党を）揺《ゆ》さぶらんといかんのだ。どうせ、今のままだったら、全員〝討《う》ち死《じ》に〟だからさ。

もっと揺さぶって、負ける前に気合いを入れんといかん。負けてから気合いを入れたって、もう終わりだからさ。今、気合いを入れんかったら、もう、入れるときがないぜ。

全国と全世界の信者がついてる団体が、〝大阪《おおさか》の芸人〟一人に負けとるんだからさあ（注。橋下徹《はしもととおる》大阪市長のこと。以前、同氏の守護霊《しゅごれい》霊言《れいげん》を収録した際、「江戸《えど》時代の旅芸人」が本性《ほんしょう》であることが窺《うかが》われた。『徹底霊査《てっていれいさ》　橋下徹は宰相《さいしょう》の器《うつわ》か』〔幸福実現党刊〕参照）。

〝大阪の芸人〟、要するに、口一つで切り返してペンペン言うやつに、日本中が引っかき回されてるんだよ。

これは、いかんぜ。やっぱり、活《かつ》を入れないといかん。

君ぃ、（幸福実現党の役員が）答えられないようなことを、なんか、一刺《ひとさ》し、言えんかね？

呉　私が考えていたのは、非常に、ばかでかい質問ではあるのですが。

坂本龍馬　ああ、そうか。ほんじゃ、そっちでもええよ。じゃあ、大きいのを言いたい？

呉　はい。

坂本龍馬　やっぱり、韓国人のほうが大きいよ。「韓国出身のほうが、考え方が大きい」っちゅうのを見せてやるのも一つだから、それでええよ。

呉　とんでもないです。

幸福実現党の強みというと、大川総裁より示されている「非常に先を見据《みす》えた構想力」だと思うのですが、今後の世界の構想という点で考えますと、国連の不備が、たいへんな問題になってくると思います。例えば、今、シリアで虐殺《ぎゃくさつ》が起きていますが、国連として止めることができないでいます。

坂本龍馬　君ぃ、日本語がうまいなあ。なんで、そんなにうまいんだ？　ほんとは何人《なにじん》だ？

呉　私は在日韓国人です。

坂本龍馬　あ、なるほど。で、日本語と韓国語の両方をしゃべれるのか。

呉　実は、韓国語はしゃべれません。

坂本龍馬　しゃべれんのかあ。それはいかんなあ。

呉　日本語と英語は、しゃべれるんですけれども。

坂本龍馬　英語はしゃべれる？　日本語と英語はしゃべれて、韓国語はしゃべれない？

呉　はい。

坂本龍馬　それじゃあ、李明博と論争できんじゃないか。

呉　これから、論争できるレベルまで頑張《がんば》って勉強したいと思います。

坂本龍馬　うん、分かった。まあ、いいわ。で、君の大きな話を聞こうか。

「宇宙人との交流時代」に、地球レベルでどう意思決定するか

呉　今、国連改革の必要性がいろいろなところで言われています。

それには、もちろん、「紛争《ふんそう》を解決できるようにする」ということもあるのですが、幸福実現党的に先の先まで見据えた話をしますと、「今後、宇宙人とのコンタクトが本格的に始まる」というところにあって……。

坂本龍馬　おお！　おお！　おお！

呉　「地球として、どのような意思決定をしていくのか」ということが、今後、何十年か先の、非常に大きな問題になってくると思います。

幸福実現党としては、そうした宇宙人とのコンタクトが始まる時代に向けて、地球人としてのアイデンティティーを養いつつ、「宇宙時代に即《そく》した国連のあり方」をしっかりと考えていかなければいけないと思うのです。

坂本龍馬　ああ、考えてないかもしらんなあ。

呉　はい。そこで、これから日本が世界一の国となってイニシアチブを取り、宇宙のレベルまで見据えてやっていくときに、龍馬先生は、「宇宙時代の国連のあり方」について、どのようにお考えになるでしょうか。それをお伺《うかが》いしたいと思います。

坂本龍馬　いやあ、ここは難しいところだなあ。

あんたがたは、宇宙人ものの本を、一生懸命《いっしょうけんめい》、内部出版に変えて、外に売らんようにしてるけど、政党のために、我慢《がまん》して、外に売らんようにしとるわけだ。かなりオカルト、ないしカルトに近い内容がたくさんあるから、外から、おかしいに見えんように、中で出しとるようだが、〝宇宙時代〟は、もうすでに政党の犠牲《ぎせい》になっとるんじゃ。

「宇宙時代の話をすると、よけい票が入らんのではないか」と思うて、なんか、宇宙人ものの本は引いとるようだ。

まあ、票という話で言やあ、「宇宙人にも投票権を」と言えば、（宇宙人の票は）幸福実現党にしか入らなくなるから、それは実にいいことだけど、宇宙人は投票場に来てくれんからさあ。それは、ちょっと話にはならんわな。

国連分担金をケチする中国は「常任理事国」を降りよ

坂本龍馬　で、「宇宙時代に国連はどうするか」っちゅうことだけど、国連は、もう潰《つぶ》したほうがええよ。

少なくとも、「第二次大戦で勝った国と負けた国」という考えが問題だ。

要するに、戦勝国が、日本、ドイツ、イタリアに勝つためにつくったのが、国際連合（連合国）だからさ。「それが、そのまま大きいになって、ほかの国を吸収した」っていうことやし、「対立する二陣営《じんえい》の片方が生き延びて、ほかの国を吸収した」っちゅうかたちになってるから、（国際連合憲章の）なかには、「敵国条項《じょうこう》」が残っとるはずだな。

その「敵国条項」のなかに日本は入ってるし、ドイツも入ってるから、両国とも常任理事国になれん。

だけど、現実を見たら、それはおかしいよ。ヨーロッパは、ドイツを抜《ぬ》いたら成り立たん。今のＥＵも、ドイツを入れんかったら、国際的な話し合いにはならないわねえ。実際上そうだな。日本だって、今、非常に重要な地位にあるよな。そう思うなあ。

中国が常任理事国をやってもええけど、「日本より、金を払《はら》ってから言うてくれ！」っちゅうところはあるなあ。

「日本のＧＤＰを抜いた」と言うたって、国連の分担金は、日本の四分の一しか払うとらん。なんでケチして、国連の分担金を払わんのだ。中国は、アフリカや南の島に金を使い、そこで、「中国がつくった道路だ」とか、「中国がつくった大統領府だ」とか言うて、占領《せんりょう》にかかっとるんじゃ。

中国は、国連なんかに金を出したって、自分らの実績にならんから、自分らの金は、自分らで使って、次の占領というか、唾付《つばつ》けに入っとるんだよ。

　こういうところを、もうちょっと、しっかり攻《せ》め込《こ》まなきゃいかんと思うんだ。「君らは汚《きたね》えぞ。拒否権《きょひ》を発動する以上、それだけのペナルティをちゃんと払わんかい！　金を払わんなら常任理事国を降りい！」っちゅうて、やっぱり、そのくらい怒鳴《どな》りこまんといかんな。

　それで、言うことをきかんのなら、「うちの（国連分担金の）シェアを落とさせてもらいます」言うて、国連を、ちょっと揺さぶってもええんと違《ちが》うか。日本のほうは、別に拒否権も持ってないし、会議からはすぐ外されるし、いつまでたっても敵国扱《あつか》いの条項を外してくれんのだからなあ。

「こっちこそ、中国が取りに行こうとしているところに、直接、投資して、日本のものとして先に押《お》さえておきたい」言うて、日本がやっても構わないんだからさ。

金だけ出して、ものを言わない日本政府は〝禁治産者《きんちさんしゃ》〟だ

坂本龍馬　日本は、戦後というか、大きいになってからは、金（国連分担金）だけは一位か二位でずーっと来たはずだから、「それだけの金を出しといて、ものを言わん」っていうのは、言わんほうが悪いのよ。

みんな、それを知ってるよ。世界の各国も、「日本は金を出しとるんだから、日本には言う権利がある」ってことぐらいは分かっとるのよ。しかし、日本は言わんからさあ。言わんのなら、各国も、別に黙《だま》っとりゃええし、日本をほっときゃいいわけだ。

日本は、「悪かった」と言うて、金だけ差し出すんだろ？　みんな、本当は「アホか」と思うとるんだ。あれこれ言ってくるやつがおらんので、別に相手にせんでも、答えんでもええわけだから、日本と付き合うのは楽だな。

野田首相を見てみい。「国が潰れそうです」「老後の福祉《ふくし》をまかなえません」っちゅうて消費税を上げておきながら、アメリカやカナダは「金をくれ」とも言うとらんのに、「東日本大震災《だいしんさい》の瓦礫《がれき》や木が流れ着いた処理分の金を払います」って、先に約束してんだろ？

この人のよさは、まあ、ほんまに、これが「ザ・日本人」だ。

しかし、「金が余っとるんだったら、税金を取るな！」っちゅうのよ。なあ？余っとるんかい？

向こうが要求してきたら、「出すか、出さないか」の交渉《こうしょう》はあってもええよ。しかし、要求もしてきてないのに、「先に払います」って言うて、回ってるんだなあ。

国際法上、払う必要は何もない。「漂流物《ひょうりゅうぶつ》の着いた国が、それを片付ける金を出す」というのが、国際法上のルールだよ。

それなのに、「日本の大震災で、結果的にそちらにも迷惑《めいわく》をかけました」言うて、金を出してる。「震災は、自分が起こした」っていう証明をしてるようなもんだな。

「迷惑をかけるので、後始末《あとしまつ》をします。金を出します」と。（政府は）増税をかけて、国民に対して痛みを味わわそうとしているし、「国民が復興資金をたくさん寄付した」っちゅうことや、「大勢の人が、仕事を放り出してまでボランティア活動をした」っちゅうことの痛みをケローッと忘れてるんだよ。だから、ああいう金をパーッと出せるんだ。

結局、「税金をたくさん集めて、（国庫を）豊かにし、政府は何をするか」というと、ああいうふうに、自分らのイメージがよくなるやつに、ポンポコポンポコ金を使うようになるんだ。そういう政府のだらしなさを見たら、「いつもジリ貧で（財政を）赤字にしといてやらないと、もう見ておれん」って思うのが、まあ、普通《ふつう》だろうな。

こういう人は大勢いるよ。「借金を背負っとるかぎり安心じゃ」っていう人な。「金を持たせたら危ない」っていう人は、世の中にたくさんいる。いわゆる禁治《きんち》産者《さんしゃ》っちゅうやつだ。金を持たせたらいかんやつだなあ。

実は、政府がそうなっていて、それで、赤字が続いている状況《じょうきょう》なんだ。まあ、何でもええわ。ちょっと余計なことをいろいろ言うた。

日本には「アメリカの次ぐらいの発言力」があって当然だ

坂本龍馬　要するに、国際連合でも何でもええけど、「金だけ払って、国際社会に対し、言うべきことを言うとらん」というところが、わしゃあ、腹立つな。

日本に、「今までのような金を、ちゃんと出せ」って言うんだったらねえ、少なくとも、今、アメリカの次ぐらいは出しとるはずだから、日本には、アメリカの次ぐらいの発言力があって然《しか》るべきだ。これは正当な議論だよ。

だけど、「日本を敵国扱いして、金だけ出させる」っちゅんだったら、「それは、賠償金《ばいしょうきん》を取っとるのと同じですな。『賠償金を払え』と言うとるのと同じですね」っちゅうことだ。

このへんについてねえ、論理的に、ちゃんと、ガンガン言える人がおらんといかんわなあ。

だから、訳《わけ》の分からん言葉をたくさん使う人が、なんぼ言ったって、もう駄目《だめ》なんじゃ。英語であろうと日本語であろうと、訳が分からんもんは、なんぼ言うても分からん。

やっぱり、もうちょっと言わなきゃいかん。あの対応を見てて、「こらあ、いかん」と思うなあ。

日本は、すぐ謝罪に行くからな。「国連常任理事国に入れてくれ」と言おうと思って、外国に行っても、「先の戦争では、ちょっと悪いことをしました。すみませんでした」ってすぐ謝《あやま》るから。もう、それで終わりになるからさ。

日本人は、国際社会で通用する「交渉術《こうしょうじゅつ》」を身につけよ

坂本龍馬　物事っていうのは、いちおう、言ってみなきゃいかん。相手の反応を見ながら、何回かやり合ってるうちに、「けっこう本気だ」というのが伝わったら、相手はそれなりに考えてくれるもんだけど、パシンと一発打たれて、それでヘナヘナとなったら、もう、それで終わりなんだよ。

このへんは、中国や韓国のほうが、まあ、女性もおるから言うたらいかんかもしれんけど、まだ、ちょっと〝男〟だなあ。

中国や韓国は、メチャなことを平気で言うもんな。まあ、あれでも、いちおう交渉術《こうしょうじゅつ》の始まりだからね。

「まずは、とんでもない、デタラメな〝メチャ〟をぶつけて、相手が『そんなメチャなことを言うもんでない』と言ってくる。それで、〝殴《なぐ》り〟返してるうちに、だんだん、適当なところに落ち着いていく」っていうのが、交渉の術だからさ。

「最初から、最終的な着地を恐《おそ》る恐る言うんでなくて、もうちょっと大きくグワンと出て、向こうの打ち返しを見ながら、最後、そこへもっていく」というのが、交渉術だな。

日本人は、そういう交渉というか、駆《か》け引きが実に下手《へた》だな。

アラブの人だって、アッラーの名を使ったり、その他、いろいろ使いながら、駆け引きをするのが、うまいことうまいこと。すっごいなあ。値切りがうまいわ。金を払わんのがうまい。インド人だって、そうだな。こんな、世の中の生き方に長《た》けた連中を相手にするのは、実に大変だな。

日本的美徳が外国からほめられるのはええんだけど、同時に、「バカにされとる」っちゅうところもある。それを理解してないのが情けないなあ。

例えば、新聞に、「こういうふうにして国際社会からほめられました」っていう記事を載《の》せるんなら、その次の段で、「これを解読すると、実は、こういう意味になります。世界は、『日本人って、ほんまにアホやなあ』って言うとるんです」と、一言《ひとこと》、解説を付けてやったら、みんな、「あ、そういうことだったんか」と、よう分かるんだけど、それは書いてくれんもんな。これが悲しいところだ。

日本人は、もうちょっと、交渉術を知らなきゃいかんし、その交渉術のもとにあるのは、やっぱり格闘術《かくとうじゅつ》や武術だと思う。相手のいちばん弱いところを狙《ねら》う。そして、自分の強いところで戦って、自分の弱いところを守る。これが、いちおう、格闘技あるいは武術のもとだよな。交渉術は、そういうことを言論においてやるわけだ。

まあ、昔の日本には、こういうことをできた人もおったんだけどなあ。昔の高《たか》杉晋作《すぎしんさく》は、そういうのができたらしいけど、今は、もう、できんようになっとるらしい。昔は、そんな交渉ができた人もおったんだけどなあ。

島国・日本だけで通じる生き方や言葉は終わりにせよ

坂本龍馬　李明博《イミョンバク》さんは、大統領の身でありながら捨て身で竹島《たけしま》に上陸し、テレビ報道を国際的に流しまくったけど、博打《ばくち》もええとこだな。

もし、日本が、韓国のような国だったら、どうしたかって？　日本の首相が、韓国の大統領のようだったら、どうしたか。そらあ、殺しに行くに決まってるよ。絶対だ。みんな出動して、撃《う》ち殺しに行くわ。「大統領が島に上がった」っていうのは絶好のチャンスだから、生け捕《ど》りにするか、殺すかするぐらいの脅《おど》しをかけるわなあ。

相手は、そのくらいのカードを切ってるのに、こちらは、ただただ口を開けて、ポカーッと見ている。日本人は、このままではいかんね。これは、もう、「ザリガニ型人生」を生き続けとるわ。

気合いを入れなきゃいかん。その意味で、「外国から侮辱《ぶじょく》されるんなら、もっと侮辱されたほうがええ」と、わしゃあ思うけど、どっかで発奮《はっぷん》せんといかんなあ。

こういう日本的な、何ちゅうかなあ、島国のなかだけで通じる生き方や言葉は、もう、そろそろ反故《ほご》にせんといかんと思うねえ。

それと、まあ、思いやりなのかどうかは知らんけど、「優《やさ》しすぎる罪もあるんじゃ」っちゅうことも知らんといかんわな。

外国人から見たら、日本人には、「全員キリストかいな?」と思うようなところがあるからね。キリストは、「下着を取られたら、上着も与《あた》えよ」みたいなことを言うとるけど、それを、日本人全員がやりかねないところがあるわけで、「みんなクリスチャンかいな?」と思うようなところがあるんだな。

だからねえ、もうちょっと、「異質な目」や「多角的に自分を見る目」を持っとらんといかんのとちゃうかなあ。

「宇宙情報」に関して箝口令《かんこうれい》が敷《し》かれ、そうとう後《おく》れている日本

坂本龍馬　だからまあ、今、政党のほうで、宇宙時代と国連とを結びつけて、正式見解を出すのは、おそらく、できんだろうと思うんじゃ。今の政党の面々は、「それを出したら票が逃《に》げる」と思うて、怖《こわ》がるだろう。
だけど、当会から出てる情報によれば、中国だって、ロシアだって、アメリカだって、どこも、政府の秘密プロジェクトかもしらんけども、宇宙人と極秘に情報交流して、武器の性能を上げるために、いろいろやってるらしいじゃないか。

最近では、中国でも、レーダーに映らんステルス性の技術がやたら進んできたんで、「これは、宇宙人から指導が入ってる」っちゅうんは、今、言われとるわなあ。

こんなんに対して、日本のほうは、政府筋からマスコミ筋から、それから、JAL《ジャル》からANA《アナ》から航空自衛隊から、みーんな、箝口令《かんこうれい》じゃ。何にも、しゃべらんことになってる。

パイロットも、(UFOを見たことを)あんまりしゃべりすぎると精神病院に送られ、ほどほどにしゃべると地上勤務の事務屋に回されて、降ろされる。「彼は、精神に異常があるため、いろいろ幻影《げんえい》が見えるらしい。変なものが見えたりするらしい。彼は狂《くる》うてる」っちゅうことで、地上勤務の事務セクションに回し、さらに、もうちょっと言い続けるようだったら、「世の中を迷わすから、もう病院に行け!」ということで、隠《かく》す。

日本は、ここでも、そうとうな後《おく》れを取っとるんだなあ。このへんは、やっぱり、政府に迫《せま》らなければいかんな。

結局、航空技術・宇宙技術の先にあるのは、「宇宙人の存在」と、「もし彼らが来てるとしたら、どういう技術を持ってるか」っちゅうところだよね。

「ほかの国では、それを研究してて、日本はしてない」っちゅうんだったら、そして、「もし（宇宙人との）文明落差が千年もある」っちゅうんだったら、もう、とうてい追いつかん話になってくるね。

デタラメ度の高い〝弾《たま》〟を投げて相手の隙《すき》をつくれ

坂本龍馬　だから、たぶん、国会議員が、国会で宇宙人のことを質問したら、どうせゲラゲラ笑われて、「あの人、変な人や」っちゅうレッテルを貼《は》られる。そして、どうせ、選挙のときに、「あいつを落としたろう」と思って、ライバルから怪文書《かいぶんしょ》でも流されるんだな。「あの人、いかれた宇宙人オタクで、こんな質問をしました」とか、いっぱい言われて、やられる。これが怖《こわ》あて言えんのだなあ。君らが信仰者《しんこうじゃ》としての立場で（宇宙人を）受け入れる気があるんだったら、もうちょっと平気で言うてもええと思うんだけども、まあ、党首の答弁を見ているかぎり、望みはほぼないな。

（宇宙人について）自民党が言ったり、あるいは、「ＵＦＯ党」なんてのがつくられたりするのは、たまにはあるけど、そういうところが言ったとしても、幸福実現党のほうは言わんと思う、わしゃあな。

意外になあ、ここは、この世的に、ものすごい常識人の集まりだ。意外に集まっとるんだ。常識人が集まりすぎとる。

もう一回、先ほど言った交渉術を思い出して、「まずはデタラメ度の高い〝弾《たま》〟を投げて、相手を怯《ひる》ませ、隙《すき》ができたところに撃ち込んでいく」っていう術《じゅつ》を、もうちょっと身につけんとな。

「『最終的な結論はこうなるだろう』と予想をつけて、最初からそのベースで話してたら、何にも新しいことは始まらんのだ」っちゅうことを知らないかんと思うよ。「うち、宗教にかかわってますんで、言うことが普通とは違います」と言うぐらい、開き直らんといかんのじゃ。

「いやあ、宇宙人が毎晩来て困るんですわ。夜《よ》な夜な、党首んとこ、つつきに来るんで、早《はよ》う法案を通さんと、もう、どうにもならん」とかな。たまには、もうデタラメでも、嘘《うそ》でも、酒を飲んででもええから、そういうことを平気で言えんといかんわな。

「このまんまだったら、日本人の頭んなか、どれだけチップが埋《う》め込まれとるか分からん。どうも、中国製のチップが、だいぶ入っとるらしいです。これを取り出さないといかんので、ちょっと、国民をみんな検査したほうがええかもしらん」ぐらい、たまには言うてみないといかん。

どうも、チップが入って動いているように見える人がいっぱいおるんだよなあ。何かおかしい。全部、自動的に操作されてるように見える人がいっぱいいるんだよ。

「ほんとに、あんたの意思でやっとるんですか？」と訊《き》くと、「何じゃ知らんけど、コンピュータの画面を見てると、霞《かすみ》が関《せき》に集まらないかんような気がしましてね。金曜日の夜になったら、体が動いて、何となく霞が関に行きたくなって、いつの間にか、首相官邸《かんてい》に向けて、腕《うで》を上げながら、『ウォー、ウォー』とか言って歩いとるんです。公称《こうしょう》参加者が『二十万だ』『五万だ』『七万だ』とか発表された数のうちに、自分も入っとるんです。でも、家に帰ってきたら、『あれ？何しに行ってたんやろうな』と思うことが多いんです」なんていうのは、あっきらかに、何か埋め込まれてる可能性があるわな。

まあ、「半分冗談、半分本気」で言うとるんだけどもな。ちょっとねえ、まともすぎて面白うないわ。

「盲信《もうしん》・狂信《きょうしん》の怖《こわ》さ」を宗教政党の武器にせよ

坂本龍馬　「宗教の本当の威力《いりょく》」とは、結局、何や言うたって、やはり怖《こわ》さだよ、怖さ。「やはり、一皮剝《む》けば、狂信《きょうしん》・盲信《もうしん》の徒でないか」と、みんなに思われとるから、最終的に、その武器は持ってなきゃいかんのだよ。「『宗教』と名が付くものは、一皮剝けば、最後は狂信・盲信の徒ですから、イスラム教徒でも、UFO教徒でも、何にでも変身する余地はあるんですよ」っていう、その怖さを内に秘めとかないと、やはり、人と交渉するときに力が出んわな。

だから、政治家とかと会っても、普通、「向こうは偉《えら》い」と思うて、「先生、先生、偉い先生」って相手してるかもしらんけど、「もう、全然、こっちの話、聞く気ないなあ」と思うたら、こう言うてやるんだよ。

「昨夜、百二十センチぐらいのアーモンド型の眼のやつ（グレイ）が訪ねてきて、私も失敗したんですわあ。『宇宙人撃退祈願《きがん》』の御札《おふだ》が、ちゃーんとあるんだけど、これをぶら下げとくのを忘れたんで、部屋に入って来られましてなあ」と言って、チラッと御札を見せたらなあ、「ハアーッ？」と言って震《ふる》え上がるから（会場笑）、そのあとに、ほんとに言いたいことをバスーッと撃ち込むんじゃ。

「先生、早う、うちの応援《おうえん》をせんかったら、どっかに連れて行かれても責任取れませんなあ。いったん、うちの政党に来たかぎりは、宇宙人もぜーんぶ情報持ってますからなあ。後を追跡《ついせき》されますよ」って言うと、ほんとにビビリ始めると思うけどな。

たまにはねえ、そうした〝犭《けものへん》〟を上手《じょうず》に使うんじゃ。狂ってるところを一部持ってないと、やはり、宗教政党としての力は出んよ。

創価学会《そうかがっかい》・公明党《こうめいとう》は「宗教の怖《こわ》さ」を利用して議席を伸《の》ばした

坂本龍馬　創価学会《そうかがっかい》（公明党《こうめいとう》）だって、いちおう議席を取ってるんだからさあ。議席を取るまでに、世の中から見て「狂ってる」と思われることを、どれほど平気でやったか。やってる本人たちも、「おかしい」と、もう、腹を抱《かか》えながらやってるんだよ。

創価学会の悪口を言った人んところには、「ヘビの死体を投げ込む」とか、「イヌのウンチを投げ込む」とか、「郵便受けにガラスの破片《はへん》を入れる」とかな。だけど、やってる人たちは、まあ、普通に生活してる人たちだから、それがおかしいことは、みんな知ってるんだよ。

「上からの指令があるからやってるんだけど、もう、ハウ・ツーが古うなりすぎて、今、ヘビの死骸《しがい》なんか、東京で探すの、大変なのよ。分かっとるんかい」

ってな。

戦後間もないころには、ヘビもいっぱいおったけどもな。多摩丘陵《たまきゅうりょう》あたりに行きゃあ、ヘビぐらい、いくらでも捕《つか》まえられたけど、今はもう、ヘビを捕まえるの、大変なんだよ。オモチャ屋に行って、ヘビのオモチャを買うぐらいだったら簡単だけど、そんなもん、相手は全然怖《こわ》がらんし、「子供にプレゼントしてくれた」と思うて感謝されたりしても困るからさ。

だから、「創価学会の悪口を言ったやつの家に、ヘビの死体を投げ込め」なんて、そんな古いマニュアルを置いとかれたら、ほんとに苦労するんだよな。「今、どこへ行ったらヘビがおるだろうか」と言うて、学生部とか若いもんが、ヘビを捕まえてくるのに、みんな困っとるんじゃ。彼らだって、ほんとは冷《さ》め切ってるんだけども、「やれ」っちゅうから、いちおう、たまにやっとるんだよ。ヘビの死骸を一回投げ込まれたら、もう二度と悪口を言わんようになるからな。

評論家でも政治家でも、何でもいいんだけど、もう、すごく悪いとこに突《つ》っ込んでいって、ガアーッと来たときに、それをポイッと放り込んどくと、あと、黙るのよ。みんな黙ってくれる。実に効率がええんだ。金はかからんし、効率もえから、そういうことをやってきた。そうやって、何十年もかけて、何十議席か取るのに何とか成功してるわけだな。

創価大学だって、いちおう大学のうちに入っとるんだから、みんな、当たり前の判断ができないわけではないんだ。そのヘビはだんだんに少なくなってるんで困ってるし、「もし、『タヌキを投げ込め』って言われたら、どうしようか」と思って、みんな困ってるんだからさあ。丘陵開発をする前にはタヌキもおったけど、最近じゃ、アニメでも見んかったら、タヌキなどおらんからな。ほんとに困っとるんだよ。

立木党首に「宇宙人と国際連合」について講演してもらえ

坂本龍馬　宗教はねえ、怖いところを隠したほうが票は取れるようにも思えるけども、怖いところを全部隠してもいかんのだ。怖いところも、ちょっとは持っとらんといかんのでね。

やはり、それくらい、盲信・狂信してるような怖さは持ってなきゃいけない。だから、立木党首に、「宇宙人との交流を考えた上での、国際連合との付き合い方について、講演をお願いします」って言うてみたらええ。逃げるから。絶対逃げるから。「できない理由」を言うか、すぐ、「階段から落ちた」っちゅうてな、足を挫《くじ》いて病院へ治療《ちりょう》に行って、びっこを引いて、できないようになるからな。

このへんは、やはり打ち壊《こわ》さないかん。狂ったところを少しは持っとらんかったら、宗教としての最終の武器はないんだ。

統一協会《とういつきょうかい》と間違われてもいかんけれどもね、いざというときには、「先生、ちょっと手相を見せて。ああ、あなた、生命線が……。もう、寿命《じゅみょう》が尽《つ》きかかっていますね。これは、信仰を持たないと危ない」とか言うてね、「早く幸福実現党に入らないと、もう、命はありませんよ。残りの寿命はありません」とか、そのくらい、たまには平気で言うほどの胆力《たんりょく》が要《い》るわな。

そらあ、邪教《じゃきょう》に見えるかもしらんけど、ほんとは邪教でないかもしれない。確信が強くなったら、ほんとは、そのくらい言っちゃうんかもしれない。

モルモン教徒の大統領候補がいるんだから、政党も強気でいけ

坂本龍馬　アメリカじゃ、今、いきなり、モルモン教徒が大統領になろうとしてるんだろう？　モルモン教徒よりも、幸福の科学の会員は、よっぽどまともで、プラグマティックだよ。あんなこと、信じてないからねえ。

「昔、イエス・キリストが、海を渡《わた》ってアメリカに行き、そこに住むインディアンや白人、赤色人種《せきしょくじんしゅ》にキリスト教を広めておった。その歴史を刻《こく》して埋めておいた金版《きんばん》を、一八〇〇年代に教祖が掘《ほ》り出した。それを解読したやつが、このモルモンの書です」と言うて、それを信じる人がいっぱいいるんだろ? そのモルモン教徒が大統領候補になるなんて、これは君らよりひどいよ。いや、「君らよりひどい」っちゅうのはおかしいか。

君らは、別に、まともなことを言ってるだけだ。「霊がいるかどうか」っちゅうところだけは、一般人《いっぱん》が引っかかるんだろうけど、でも、「霊がある」「あの世がある」っちゅうこと自体は、宗教としては、別に、正統なことだよな。

「あの世があると信じます。霊があることを信じます。霊能者がいて、『霊が降りてきて話をする』ということがありえると信じます」っていうのは、これ、まともなのよ。宗教を信じる人にとって、こんなんは当たり前のことだ。これは、全然、邪教でもなければ、カルトでも何でもない。

だけど、「昔、イエス・キリストが海を渡って、アメリカでも伝道《でんどう》し、古代アメリカ人に教えていた。やがてキリスト教徒は死に絶えたが、教えが金版になって残っていた。それがモルモン教の教祖によって発見され、さらに、謎《なぞ》の宝石のようなものを通して翻訳《ほんやく》されて、『モルモンの書』ができた」と言うてるが、君ねえ、それを日本でやってごらんよ。ま、百人以上の信者が獲得《かくとく》できるやつがいたら、大したもんだわ。そう簡単に、今の日本人は引っかからないよ。もう騙《だま》されないと思う。百人は行かないと思うね。

それが、今、大統領候補になっとるんだから、（幸福実現党も）もうちょっと強気でもええんと違うかな。

「神々が指導する政権によって世界中が幸福になる」と信じよ

坂本龍馬　「宗教だ」ということとか、「霊が降りてきた」とか、「霊が教えている」とかいうようなことに対して、引け目を感じてる面があると思うが、ここで、もうちょっと強うならんといかんぜ。ほんとは、それは引け目を感じるべきことじゃなくて、ありがたいことであるし、ほかのところより優《すぐ》れたところなんだよ。

宇宙人から技術をもらうのは、次の段階かもしらんけど、（宗教は）それより前の段階として、古代からあるものの一つだから、これを言わないかん。

「うちの先見力の源泉は、日本の神々が指導して、世界の神々も指導しているところだ。こんな政党を政権につけたら、どれほどいいことが起きるか。世界がどれほど幸福になるか」って、本気で信じとれば、相手も、もう返す言葉がなくなるんだよ。

アメリカの大統領は、そういう人がなろうとしとるのに、日本の総理を目指す政党の党首が、もし、そういうことをなるべく避《さ》けようとするような傾向《けいこう》を持っとるんだったら、そら、いかんと思うなあ。

政党幹部はクビをかけて「宇宙人」の街頭演説を一回はやってみよ

坂本龍馬　（呉に）だから、君、なかなか、ええことを言うた。うん。ええことを言うた。うん、うん。

確かに、政党のやつらに、それ、演説やらしてみたいなあ。渋谷《しぶや》の交差点でやれるかどうか、一回、みんな、〝首実検〟だ。「言えんかったら、幹部失格で、役員から外す。君らは、信仰者《しんこうじゃ》として認められん」っちゅうて、外す。

モルモン教徒の大統領（候補）っちゅうのは、フランスまで行って、何年も宣教しとったんじゃ。あっちはやっとるんだから、負けたらいかんぜ。今の時期は、もっと過激でなきゃいかんと思うな。まあ、そういうことだ。

政党のほうは、そのへん、隠しに入ると思うよ。ここが、みんな、弱いところなんだ。何て言うかな、芸能界みたいな、ひどい職場でなあ、騙し騙され、〝タヌキとキツネの騙し合い〟をやっとるようなところで生き延びた、したたかな人間との違いだと思うんだな。

だから、県知事なんかでも、芸能人がけっこうやったりしてたわな。中身があるかどうかは知らんけども、少なくとも、ＰＲ力がある。ＰＲ力や演技力はあって、みんなを引き込んだり、感動させたりする力があるんだよ。

（幸福実現党は）それに負けとるんだから、やはり、それを超《こ》えなきゃいかん。

あんた、面白いことを言うた。「政党は、立ち会い演説なり、街頭演説なりで、一回ぐらい、宇宙の話を言うてみい」っちゅうの？　やっぱりやらしてみたい。そのくらいやらんかったら、恥《は》ずかしい気持ちは取れんと思うな。うん、一回、やらしてみたほうがええね。

国連分担金を盾《たて》に「日本の常任理事国入り」を交渉《こうしょう》せよ

坂本龍馬　国連についても、「今のままの国連じゃ、そんなに金を取られるのは惜《お》しいから、国連分担金を（震災地の）復興支援に充《あ》てたい」と言うたらええんじゃや。「（国際連合憲章の）『敵国条項』から（日本を）外せ」「日本を常任理事国に入《い》れえ」って言うたらええんだよ。まあ、少なくとも、「常任理事国にせんかったら、払わん」と言っても構わんと、わしは思うよ。

でも、言えんのだろう？　言うだけの力がないんだと思うわな。

このへんが、やはり、こぢんまりしすぎとるわなあ。

だから、ちゃんとした交渉《こうしょう》人がおらんのだ。交渉のもとは、さっき言ったよ。やはり、格闘技や武術だ。敵の弱点を攻め、自分の長所を生かし、自分の弱点を守る。この戦い方を知らないといかんと思うねえ。

あるいは、シリアの対応とか、尖閣《せんかく》の対応とかを見て、「中国を国連常任理事国から外せ」と言うたって構わんと思うね。堂々と言うたらええんじゃ。「（中国を）外さんのだったら、うちはもう、分担金を払わん。日本の分を向こうに払うてもらえ」って言うたらええんだよ。一回ぐらい言うてみい。言えやせんのだろ？　なあ？

これが、やはり弱いんだ。すぐ金を出すからな。

きれい事で固まった上品な日本を、一発、崩《くず》さないかん

坂本龍馬　ここ（幸福の科学）は「与える愛」を説いとるんだろうけども、わしも、ちょっとだけ商人をやっとったからさ、金儲《かねもう》けに関心がないわけではないんでな。ただで小判を撒《ま》いたらいかんぜ。金を出すんなら、あとで、ちゃんと何か

返ってこないと、商売が成り立たんのじゃ。金を払う以上、物をもらわんとな。商品をもらわんといかん。国際レベルでも、それは同じだよ。

「日本に宗教心がない」っちゅうけど、みんなが〝イエス・キリスト〟になってしもうたようなところもあるんだ。ちょっと、きれい事で固まりすぎとるところがあるから、一発、崩《くず》さないかんと思うね。

（呉に）君、ええなあ。存在自体がええわ。韓国語をしゃべれるふりして、もうちょっと変なことを言え。もっと変なことを言うてな、「昨日、韓国の大統領の守護霊が憑依《ひょうい》してきて、こんなことを言うんで、これをやらんかったら、やはり政党はいかんのではないか」って、たまに言うたほうがええんと違うか。もうちょっと揺さぶったほうがええ。わしゃあ、そう思う。ちょっと上品すぎるわな。

ま、そこまでにしよう。はい、次行こう。

6　日本は「廃憲《はいけん》」して「創憲《そうけん》」せよ

「元首《げんしゅ》の問題」を曖昧《あいまい》なまま走ってしまった明治政府

司会　それでは、最後の質問とさせていただきます。

坂本龍馬　最後？　うーん、最後にしちゃあ、なんか面白《おもしろ》い人がいっぱいいるじゃないか。うんと、困ったねえ……。（挙手している二人を見比べて）どっちが強い。どっちが強い。どっちが強い。どっちが強い……。（川辺《かわべ》に）じゃあ、君、行こうか。顔が怖《こわ》いから。君、自称《じしょう》「坂本龍馬」だったんだろうが？（会場笑）え？

「わしのほうが偉《えら》い」と思うとるんだろう。違《ちが》うのか？　龍馬は、もうちょっとかわいげがあるんじゃ（笑）。

川辺　龍馬先生、今日は、本当にありがとうございます。

先ほど、龍馬先生からもご指摘《してき》がありましたように、今の日本人の大きな問題点は「言葉が不明瞭《ふめいりょう》である」というところであり、その大きな原因の一つは、「結局、日本の元首《げんしゅ》が誰《だれ》なのか、分からない」という状況《じょうきょう》にあるのではないかと思います。

坂本龍馬　うんうん。

川辺　その点、幸福実現党は、大統領制を提唱しており、「大統領を元首とする」

という点で、明確な主張をしていると思うのですが、この部分を保守の人たちに納得《なっとく》してもらうことには、非常に難しい面があります。

そこで、龍馬先生から、「日本の元首はどうあるべきなのか」ということについて、教えていただければ幸いです。


坂本龍馬　君ねえ、ええとこを突《つ》いたよ。「ええとこを突いた」っちゅうのはな、そりゃあ、今の問題としても大事なことなんだけど、明治維新《いしん》のいちばんの問題点を君は突いたんじゃ。君が突いたのは、そこんとこなんだ。

明治維新は、下級武士が幕府や大名を倒《たお》した維新だからさあ、それで、錦《にしき》の御《み》旗《はた》が要《い》って、天皇家が要って、公家《くげ》が要ったわけで、そういう権威《けんい》を使って起こしたものの、「中途半端《ちゅうとはんぱ》な革命に終わった」というのが事実だよな。

つまり、「四民平等」を言うてやったものの、本当は、王政復古と革命とが一《いっ》緒《しょ》に起きた。もし、王政復古で昔帰りするんだったら、それは、「古代の神武《じんむ》に帰れ」っちゅう運動だわな。それと、日本の近代化や、開国とは、ある意味で、ぴったり合っとるわけではない。だから、そもそも、矛盾《むじゅん》を含《ふく》んだ改革だったわけだ。

まあ、幕府を倒すとこまでは、そういう権威が要ったと思うから、よかったんだけど、幕府を倒して明治政府が安定した段階では、もう一回、考え直さないかんとこはあったと思うんだなあ。

それが、今、君の言った、「元首をどうするか」の問題だな。

「本当の意味での王政復古」っていうことであれば、「天皇が元首」という古代の姿に帰さないかんわけで、その姿は、アメリカの民主制や、イギリスやフランスの民主制と同じもんなのか、そうでないものかについては、やっぱり、キチッと議論せないかんけど、明治憲法以下の議会制度は、そこが曖昧《あいまい》なまま走った。

だけども、明治天皇は、今の天皇に比べれば、もうちょっと権力っていうか、権威というか、言葉をはっきりと言うぐらいの、まあ、はっきりとは言えんかったかなあ、和歌を詠《よ》んだりしとるから、やっぱり、はっきりと言えんかったんかとは思うけども、「今の天皇に比べりゃ、権力があった」とは、言えるわなあ。

現在の憲法体制の問題点は「責任の所在」がはっきりしないこと

坂本龍馬　それで、先の敗戦後のマッカーサー憲法以降、その天皇制を、かたち上、第一条に持ってきて、「日本国民の総意で、象徴《しょうちょう》天皇制を維持するんだ」っちゅうことで、やっとるんだけども、その天皇に発言権がないんだよなあ。自分の発言権もなけりゃ、考えを述べてもいけない（『今上《きんじょう》天皇・元首の本心　守護霊《しゅごれい》メッセージ』〔幸福の科学出版刊〕参照）。

しかし、かたち上は元首らしきかたちを取って、外国の偉い人とは会うし、日本の法律の公布や議会の召集《しょうしゅう》や、こんなのは天皇がやる。そしたら、権力者みたいに見えるわなあ。だけど、中身はない。「自分の考えを発表しないでください」って言われるんだろ？

だから、ああいう、ハゼの研究をしたり、魚介類《ぎょかいるい》の研究をしたり、そんなことばっかりしている。要するに、政治に触《さわ》らんことの専門家にしようとしてるわけだ。政治とか法律とかの研究家になったら困るので、そういうものを外してる。

この憲法体制のあり方自体は、要するに、責任の所在がないかたちだな。君のおっしゃるとおりだ。

でも、「実は、〝日本教〟と言われてる、日本神道《しんとう》の伝統的なものは、これだった」っちゅう説もあるわけだ。古代の天皇には、権力があったけど、命を奪《うば》われる危険もあった。だけど、途中から、「天皇が命を奪われない体制」に変わった。

それは、「具体的な権力を持たないがゆえに命を奪われない」ということだな。

要するに、権威だけで、官位を与《あた》えたりするわけだ。「〇〇を太政大臣《だいじょうだいじん》にする」だとか、「将軍にする」だとか、そういう箔《はく》を付けるのに皇室が使われてたわけだけども、天皇は、実際上の権力を持っておらんために、命も狙《ねら》われないで済む。

まあ、そういうかたちが中世も続いたからさ、その部分が今も入ってはおるんだけども、やっぱり、それは問題だわなあ。

今、野田さんか誰かが首相をしとるんだろうけど、もし、「彼が元首だ」っちゅうのなら、マスコミも他の野党も、ほんとは、ちょっと困るだろうとは思うよな。元首にしてはさあ、彼に対して、細かい揚《あ》げ足取りをして、品性のない攻撃《こうげき》をしすぎてるわな。

だから、ほんとは、「元首」と思っとらんから、いくらでもやれてるわけだ。「こんなもん、使い捨ての〝ホッカイロ〟だ」みたいに思っとるから、言いたい放題、言えてるんでね。

だけど、「国体は、天皇制があるから維持できる」というところに、やっぱり、何か嘘《うそ》があると思うなあ。

わしは、「ほんとは、明治のときに、伊藤博文《いとうひろぶみ》の頭が悪かったのがいちばんの問題なんだ」と思う。あれはなあ、いや、「あれ」と言うちゃいかん。

今日の対談相手の予定だったかもしらんので（釈量子《しゃくりょうこ》幸福実現党青年局長兼《けん》女性局長）、言うちゃあいかんのだけども、ほんと、松下村塾《しょうかそんじゅく》で勉強できんかったやつだから、どうしようもない。学歴不足じゃ。勉強がちょっと足りんで、ヨーロッパに行ったけど、分からん外国語で勉強してきたって、そんなん、分からんもんは分からん。そもそも日本語で勉強しとらんのだから、駄目《だめ》なんだな。

あのときあたりから、もう、すでに問題はあったと思うんだよね。

大統領制にして、「国民の生命・安全・財産」にかかわる判断を

坂本龍馬　幸福実現党も言うとると思うんだけど、「皇室は、宗教的あるいは文化的な存在として、『日本の伝統を守る』という意味で、あっても構わない」と思うし、「尊重されても構わない」と思う。

ただ、外国との戦争だとか、こんなことにかかわるような意思決定にあっては、やっぱり、「ちゃんとした最高権力者がいたほうがええ」と思うし、その人は死ぬ覚悟《かくご》でなきゃいかんはずだからさ。

先ほど、立木党首に質問があったけど、「あんた、戦争が起きそうになったらどうするんですか。『やれ』と言うんですか」って訊《き》いたら、党首は、「ええ、もちろん、言います」と言うたが、「それは、『負けたときは殺される』っちゅう意味ですけど、それだけ肚《はら》が据《す》わっとるんですか」と、そういうことだわなあ。

だから、今の体制は、結局、あれなんだよ。先の大戦の終戦時に、マッカーサーが日本に来たけど、天皇は何も判断してないから、死刑《しけい》にできなかったのと同じ理由により、「天皇が死刑にされずに生き延びられるようにしようとしてるんだろう」とは思う。

だけど、日本の武士道の精神から言うと、なんかすっきりせんわな。本当に国民の象徴で、国民のことを考えてるんだったら、体を張る人が、やっぱり、そういう立場に立つべきだと思うね。

これは首相公選制でもええんだけども、首相公選制では、まだ、「制度上、『天皇を元首とする』というかたちとの両立ができる」という言い訳の余地を残しとるんでな。やっぱり、大統領制にするほうが、はっきりするんとちゃうかね。

そんで、天皇制も、皇室が明治神宮《じんぐう》に行っとるのを見りゃ分かるように、結局は、宗教の一部であることは分かっとる。そのへんは、政教分離《ぶんり》規定があるんだから、はっきりさせたらええんじゃないか。

昔から、天皇は、「お公家さんの上のトップだ」っていうことで存在できたんだから、今もできないことはないだろう。そういう名誉《めいよ》や権威の部分で、一部、仕事はつくれるとは思うけど、「国民の生命・安全・財産」にかかわるような、実際上の判断に関しては、やっぱり、責任を取れる人が立たなあ、わしゃあ、いかんと思うね。

今、大統領制の意見が出てるけども、例えば、国民投票によって国民の過半数から選ばれた人が、戦争の責任者になって、「これは侵略《しんりゃく》だ！」と断定して「戦う！」と言うんなら、国民のほうは「よし！　われわれの選んだ人が、そう言うんなら、それで行こう！」ということになる。

しかし、国民投票で選べてない人の判断は、やっぱり困る。まあ、間接民主制もやってるけどもねえ、これも、国会の意見がなかなか決まらないで、困る部分がきっとあるだろうと思うけどね。

そういう危険性を考えると、やっぱり、直接選挙的なものがあったほうがええよ。

今は「道州制」とか言うて、地方が足を引っ張っとるけども、ここは、みんな直接選挙だよな。石原の都知事さんが言いたい放題言うとるのも、都民に、直接選ばれてるからで、「東京都については、自分の独裁が当たり前だ。東京都の独裁は許されてる」と思ってるわけだね。

「それが嫌《いや》だったら、落としたらいい」と、こういうことでしょ？「選ばれた以上、私が言いたい放題言って、何が悪い」ということですからね。

日本の首相も、そういうふうに選べば、もうちょっと言いたいことが言えるようになると思う。今は、派閥《はばつ》とか、いろんなものに気兼《きが》ねしながらやってるけど、バシーッと言うべきことを言って、その人が責任を取ったらええし、それが嫌なら、国民は、次の投票で落とせばいいわけだからね。

今のような国難のときには、やっぱり、そういう人が立つべきだと思うね。

「国家としての主権」を奪《うば》う今の日本国憲法は「廃憲《はいけん》」せよ

坂本龍馬　その意味では、憲法を改正すべきだと思うし、改正ができないなら、むしろ、「廃憲《はいけん》」にしてしまえばいいと思うね。廃憲して、新しく「創憲《そうけん》」したらいいわけよ。新しいのをつくったらええんだよ。

つまり、廃憲して、憲法がない状態にしてしまったらええんじゃ。

憲法っていうのは、成文法《せいぶんほう》でなきゃいけない理由もないわけやからさあ。イギリスでは、慣習法だろ？　書いたものでは残ってなくて、「こういう慣習だった」っちゅうんで、やってるんだから、憲法っていうのは、どういうかたちもありえるわけですからね。

まあ、「そういう慣習法でやれ」とは言わんけれども、廃憲にしたらいい。今の憲法は、マッカーサーに、無理やり押《お》しつけられたもんだからね。

「国際紛争《ふんそう》を解決する手段としては、戦争をしない。軍隊を持たない」って明言してるんでしょ？　これには、「国家としての主権を奪《うば》う条文」が入ってるわけだから、「こんな憲法は無効だ」と、言ったって構わないんだ。

ちゃんと学校へ行ってて、社会的判断ができ、社会科を勉強した、文字を読めるアメリカ人が、この憲法を英語に訳したものを、今、読んだら、「こんなのは国家でない」って、みんな、判断をするよ。

「『軍隊を持てない。自分の国民も守れない。戦争は一切《いっさい》しない』なんて、こんなの国家じゃないですよ。もし、こんな憲法を決めたら、アメリカ合衆国だって、インディアンに取り返される可能性がありますよ」と言うだろうね。

「インディアンは、いくらでも戦ってよろしい。しかし、アメリカ国民は、紛争を解決する手段としては、戦ってはなりません」って言ったら、少数のインディアンでも、アメリカ合衆国を乗っ取れる可能性がある。

例えば、インディアンが、ホワイトハウスに行って、弓矢を撃《う》って撃って撃ちまくっても、「こちらは戦ってはなりません」っていうんだったら、ホワイトハウスを占拠《せんきょ》できる可能性だってあるわなあ。

まあ、これは、例えばの話だけどね。

今のアメリカに「日本国憲法」を与《あた》えたら、ウォール街は占領《せんりょう》される

坂本龍馬　今のアメリカに同じ憲法を与《あた》えてやったらいいんだよ。「アメリカは、一切、軍隊を持ちません。交戦権を持ちません。国際紛争を解決する手段としては、戦争を一切しません」と言ったら、どうなるか。アメリカ人に、踏《ふ》み絵を踏ませたらいい。

そしたら、あれだぜえ、九・一一かなんか知らんけども、ビルのテロ事件？　あんなんで、あれだけ騒《さわ》ぐのは、もう、ばかばかしいわなあ。だって、何をされたって文句は言えんのだからさ。軍隊を持ってる国だったら、どこの国だって、アメリカを占領《せんりょう》できるんだから。そういうことでしょ？

だって、「軍隊は持ってないし、戦争もできない」っていうんだったら、どの国でも、占領できますよ。今、債務《さいむ》危機のギリシャでも、「国が潰《つぶ》れかかってるので、アメリカを占領することに決めた」と言って、軍隊を行かせたら、占領できるよ。アメリカが戦えないんだったらね。「ウォール街を占領したら、金がいっぱい出てきた。これでギリシャは助かった」って、これをやれるんだよ、ほんまに。

かつてねえ、スペインやポルトガルは、中南米に対して、こういうことをやりまくっとるわけよ。ほんとにやってるわけだから、これ、できるんだよ。

ギリシャもイタリアも、軍隊を派遣《はけん》して、ウォール街を占拠したらいい。そしたら、財政問題は、たちまち解決だよ。「全部、われわれの支配下に置く」と決めて、軍隊で囲ってしまったらええんだ。

それは、憲法一つ変えるだけで、そうなるわけだからさ。

7 「正論」を堂々と撃《う》ち込《こ》め

国民を守らない「腰抜《こしぬ》け」国家に税金を払《はら》う必要はない

坂本龍馬　日本は島国で、たまたま戦後うまくいったけど、これからうまくいく保証はない。現実問題として、軍事費をずーっと増やして、アメリカと対決しようとする姿勢を持ってる国が近くにいるし、小国ながら、国民が飢《う》え死にしてるのにもかかわらず、「先軍政治」っちゅうて、核《かく》兵器を開発しまくってるところが、現にある。

そして、その国が、日本人を百人も二百人も拉致《らち》し、韓国人《かんこくじん》も千人ぐらい拉致しておるにもかかわらず、反省もせんと平気でおって、国家の主席（金正日《キムジョンイル》総書記）が、「ああ、うちがやりました」と言うて、辞《や》めもせずに、平気でいられるとこなんだよ。

これに対して、怒《いか》りもせずに、「『帰してください』と交渉《こうしょう》している」とか言うて、頼《たの》みに行き、「断られました」って言って帰ってくるのが、この国なんだ。こういう国はなあ、はっきり言って、「腰抜《こしぬ》け」と言うんじゃ。一言で言って、「腰抜け」だよ。

やっぱりねえ、「（拉致被害者《ひがいしゃ》を）帰さんかったら、平壌《ピョンヤン》にミサイルを撃《う》ち込《こ》むぞ！　生き残ってるのは、分かっとるんだから、ちゃんと帰しなさい。三日以内に出さんかったら、ミサイルをぶち込むぞ！」というぐらいやらんかったらねえ、やっぱり、こんなの国家じゃないよ！　自衛隊もないんと一緒《いっしょ》だよ。

自衛隊がねえ、二十何万人か知らんけども、二十万人もいてねえ、百人も日本人を拉致されて、なんもできんっていうのは恥《はじ》だよ！　自衛隊の費用を税金で取る必要はない。救出に行きなさいよ！　当ったり前じゃないか。

「どうやって救出したらええか」って？　簡単だよ。空挺《くうてい》部隊があるんだから、夜飛んでいくんだよ。夜飛んでいって、平壌の金正恩《キムジョンウン》を、しょっぴいたらいいんじゃ。

空挺部隊が、二十人ぐらい行って、あれを、ロープでグルグル巻きにして、ヘリコプターのなかに引きずり込んで、日本に連れてくるぐらいできるよ。そのくらい訓練してるんだ。

もう、一瞬《いっしゅん》でやれちゃうからな。出てくる場所と時間が分かってるから、そのときに、空から襲《おそ》ったらいい。あれをねえ、引っ張ってきたらええんだよ。

以前、北朝鮮《きたちょうせん》の指導者の息子《むすこ》の、何だ？　金正男《キムジョンナム》だかが、東京ディズニーランドに行こうとして、一回捕《つか》まっとるだろう。
なんで、すぐ強制送還《そうかん》するんだよ。なーんも、調べもせんと。向こうの指導者の息子だと分かっただけで、裁判もなーんもしないで、すぐ強制送還だ。なんで、それを捕まえとかんのよ。なんで、それを交渉材料に使わんのよ。向こうの息子を捕まえたんだったら、「これを帰してほしかったら、拉致被害者を帰せ」って、なんで、やらんのだよ。

この国のあり方には、そういうとこが決定的に抜けとると思う。税金を払《はら》う必要はないよ。こんな国家に、なんで税金を払わないかんのだ。やっぱり、国民は怒《おこ》らないかんぜよ。

国民を貧しくする「脱《だつ》原発」運動に対して、カツンと怒《おこ》れ

坂本龍馬　さらに、首相官邸《かんてい》前で、脱《だつ》原発・反原発運動をやっとる。マスコミ

は、「安保《あんぽ》以来のデモが自主的に起きとります」とか言うて、報道してるけどさあ、「原発を全部止めたら、電気代は二倍になる」っちゅうて言われてるんじゃ。税金を上げんでも、電気代が二倍になるんだったら、工場の生産設備は、全部、動かんようになるっちゅうか、もう、製品がみんな高あなるし、さらに消費税がかかるね。

国民のほうは、自分んとこの給料が下がっていくのに、電気代も税金も上がる。どうしてくれる？　だから、あんなんに対しても、やっぱり、カツンと怒《おこ》ってやらんといかんと思うんだよ。

もう、この国の国民は、全員、ええ意味で言うたら、宗教もないのに、イエス・キリストの長男・長女みたいになっとるわ。ええ意味で言うたらな。

悪い意味で言うたら、ほんまに、世界から取り残されとるわ。だから、もう、宇宙人に活《かつ》を入れてもらわんと、このままではいかんよ。

日本を根本的に変えるだけの気力を持て

坂本龍馬　幸福実現党なるものが存在するんやったら、ちょっと、この日本に活を入れるぐらいの強さがないと、やっぱり、存在する意味はないなあ。

まあ、自民・民主があって、あと、維新《いしん》が出るのやら知らんけど、その他には、「一人通るか通らんか」みたいな、潰《つぶ》れかけとる支持率ゼロパーの政党が、いっぱいある。

だけど、こんな仲間に入りたいだけやったら、やる必要、全然ないよ。本当に、日本を根本的に変える気がなかったら、もう、やる必要はないと思うな。

職業としての政治家で、給料をもらうことだけが目的だったら、やる必要なんか、全然ないんだよ。日本の今の根本的な問題を、徹底《てってい》的に変えるだけの気力がなかったら、駄目《だめ》だと思う。

憲法に書いてあるとおり、「世界（国際社会）において名誉《めいよ》ある地位」をちゃんと占《し》めなさいよ。ねえ。名誉ある地位を占めるために、活動することですよ。それが大事だと思うなあ。

まあ、そのへん、ちょっと気合いを入れんと、いけませんねえ。

いやあ、役所の役者に、負けたらいかんぜよ！　ほんとにねえ、もうちょっと気合いを入れんと、いかんと思うなあ。

だからねえ、正論をもっと堂々と撃ち込まないといかんと思う。「それを言うと恥《は》ずかしい」とか、「常識人じゃない」とか、そう思う心が間違《まちご》うとるんじゃ。

マスコミやパナソニックに対して「不買運動」をやったらいい

坂本龍馬　新聞やテレビを黙《だま》らそうと思ったら簡単だよ。あんなん、不買運動をやったら、そんで終わりなんじゃ。

だからさあ、君らが気に入らんような報道をいっぱいするんだったら、購読者《こうどくしゃ》がおるとこで、一生懸命《いっしょうけんめい》、チラシを撒《ま》いたら終わりだ。あっという間に干上《ひあ》がる。もう、それで終わるから、やったらいい。

パナソニックはさあ、「松下幸之助《まつしたこうのすけ》さんがご降臨くださって、霊言《れいげん》のご本を出された」っていうのなら、当然、それをありがたく押《お》し頂いて、社員に全部読まさないかんのに、新聞社に対して、「幸福実現党や幸福の科学の広告を載《の》せたら、パナソニックの広告は載せんぞ。全紙、引き上げるぞ」っちゅうて脅《おど》しをかけて、それがまかり通ってる。こんな世の中にはねえ、怒らないかんのじゃ。

そんなんなあ、パナソニックの販売店《はんばいてん》の前に行って、「おたく、こんなことをやっとるぜ」っちゅうて、チラシを撒いたらええんじゃ。あっという間に、引っ繰《く》り返るから。「サムスンに潰されるように、一生懸命〝応援《おうえん》〟するぜ」っちゅうて、言うたらええんだよ、こんなのは。

ちょっとはねえ、言い返せよ。おかしいんやぞ。おかしいのを「おかしい」って言えんのは、その人間がおかしいんじゃ！（机を叩《たた》く）怒るべきときに、ちゃんと怒れ！（机を叩く）

「大阪維新《おおさかいしん》」なんかに天下を取らすな！

坂本龍馬　これ以上言うと、総裁の血圧が上がるから、やめるけどなあ（机を叩く）。総裁を倒《たお》すわけにはいかんから、もうやめるけどさあ、やっぱりねえ、腹が立っとるんだ、かなりな。

だからねえ、もう、いいかげんにせんといかんぜよ！

わしが（幸福実現党を）応援しとるのに、大阪維新《おおさかいしん》なんかに、天下を取らすなよ！　ほんとに、ええかげんにしてくれや。あんなもん、一人たりとも通すな！「わしが応援しとるのは幸福実現党だ」と（机を叩く）、言うとるんだからさあ。

「維新八策」とか言うて、そんなもんで通ってたまるか！

ちょっとは怒れよ。気合いを入れんといかんぜ。もう、立木《ついき》やら、枯《か》れ木やら、知らんけどさあ、ちょっとは頑張《がんば》れや、ほんとになあ。

司会　本日は、ありがとうございました。

坂本龍馬　ああ、そうやな。もう、血圧が二百を超《こ》えたかも分からん。本人（大川隆法）が死ぬといかんから、やめるわ。

みんな頑張れや。

大川隆法　はい（一拍手《はくしゅ》・合掌《がっしょう》）。

あとがき

龍馬が言いたいのは、本家「維新」はこちらだということだ。嘘つきのマスコミなどいらんと言っているのだ。

この「聖なる怒り」をよく受けとめておくがよい。

私も、NHKが「平壌《ピョンヤン》放送」となり、朝日新聞や東京新聞が本物の「人民日報」に吸収される未来を何とかして変えたいのだ。

対中包囲網をつくっての国防と、さらなる未来産業の育成による経済発展が、この国を護《まも》り、栄光へと導くことになるだろう。

信仰は国民を強くし、未来を輝かすための力となるであろう。もっと素直な心で、わが言葉を聞く国民になってほしい。

二〇一二年　九月十一日

国師《こくし》　大川隆法《おおかわりゅうほう》

『坂本龍馬 天下を斬る!』大川隆法著作関連書籍

『龍馬降臨』(幸福の科学出版刊)

『坂本龍馬・勝海舟の霊言』(同右)

『今上天皇・元首の本心 守護霊メッセージ』(同右)

『徹底霊査 橋下徹は宰相の器か』(幸福実現党刊)

坂本龍馬《さかもとりょうま》 天下《てんか》を斬《き》る！　──日本を救う維新の気概──

2012年９月27日　初版第１刷

著　者　大《おお》川《かわ》隆《りゅう》法《ほう》

発　行　幸福実現党

〒107-0052 東京都港区赤坂２丁目10番８号
TEL(03)6441-0754

発　売　幸福の科学出版株式会社

〒107-0052 東京都港区赤坂２丁目10番14号
TEL(03)5573-7700
http://www.irhpress.co.jp/

印刷・製本　株式会社 東京研文社

落丁・乱丁本はおとりかえいたします

ISBN978-4-86395-246-1 C0030
Photo: アフロ

大川隆法 ベストセラーズ・政治の混迷を打破する

公開霊言
天才軍略家・源義経なら現代日本の政治をどう見るか

先の見えない政局、続出する国防危機……。現代日本の危機を、天才軍事戦略家はどう見るのか？ また、源義経の転生も明らかに。
【幸福実現党刊】

1,400円

徹底霊査
橋下徹は宰相の器か

舌鋒するどい政界の若きヒーローに、この国をまかせてもよいのか⁉ マスコミが「次の総理」と持ち上げる橋下徹大阪市長の本音に迫る！
【幸福実現党刊】

1,400円

守護霊インタビュー
石原慎太郎の本音炸裂

「尖閣・竹島問題」から「憲法改正」「政界再編」まで——。石原都知事の「本音」を守護霊に直撃‼ 包みかくさず語られたその本心に迫る。
【幸福実現党刊】

1,400円

※表示価格は本体価格（税別）です。

大川隆法 ベストセラーズ・幸福実現党 対談シリーズ

野獣対談
――元祖・幸福維新

外交、国防、経済危機――。幸福実現党の警告が次々と現実化した今、国師が語り、党幹事長が吠える対談編。真の維新、ここにあり！
【幸福実現党刊】

1,400円

猛女対談
腹をくくって国を守れ

国の未来を背負い、国師と猛女が語りあった対談集。凛々しく、潔く、美しく花開かんとする、女性政治家の卵の覚悟が明かされる。
【幸福実現党刊】

1,300円

国家社会主義への警鐘
増税から始まる日本の危機

幸福実現党の名誉総裁と党首が対談。保守のふりをしながら、社会主義へとひた走る野田首相の恐るべき深層心理を見抜く。
【幸福実現党刊】

1,300円

幸福の科学出版

大川隆法 ベストセラーズ・反核平和運動を検証する

トルストイ
――人生に贈る言葉

トルストイに平和主義の真意を訊く。平和主義が、共産主義に取り込まれたロシア（旧ソ連）の悲劇から、日本の反原発運動の危険性が明らかに。

1,400円

核か、反核か
社会学者・清水幾太郎の霊言

左翼勢力の幻想に、日本国民はいつまで騙されるのか？ 左翼から保守へと立場を変えた清水幾太郎が、反核運動の危険性を分析する。

1,400円

大江健三郎に「脱原発」の核心を問う
守護霊インタビュー

左翼思想と自虐史観に染まった自称「平和運動家」の矛盾が明らかに！ 大江氏の反日主義の思想の実態が明らかになる。

1,400円

幸福の科学出版

※表示価格は本体価格（税別）です。